老いの相《そう》生《しょう》

高木　侃——編

山折哲雄
木幡文徳
家永　登
小島晴洋
見目洋子
宇佐美脩
森　謙二

専修大学出版局

はじめに

本書は、平成十六年度専修大学大学院公開講座「いま、高齢者問題を考える」の講演集（報告）である。本講座は大学院公開講座委員会のメンバーであった筆者が企画したので、主として所属する法学研究科教授が中心となり、他科にも応援をいただき、また学外講師もお願いして開催した。十月七日から十一月三十日まで、全九回に及んだ講座に講演いただいた先生方は以下の通りである（五十音順、法学研究科以外の方はカッコ内に所属を入れた）。なお、最終回には特別講演として、山折哲雄先生（国際日本文化研究センター所長—当時）においでいただいた。

網野房子　家永　登　宇佐美脩（NPO「シニアライフを考える会」理事長）
宇都榮子（文学研究科）　見目洋子（商学研究科）　小島晴洋　木幡文徳　髙木　侃
森　謙二（茨城キリスト教大学教授）

内容は、遺言法・成年後見法・社会保障法をはじめ、生活福祉、高齢者介護、その住まい方、NHKのドラマ「ちゅらさん」に出てきた「一風館」のようなグループリビング、墓と葬送、江戸の高齢者、日本人の死生観に及んだ。一度でも聴講された方は三六六人、延べ聴講者数は一一〇〇人余で、九回すべて出席された方も多く、関心の高さがうかがえた。

講座終了後の十二月九日に、聴講者からの提案で、講座の先生方と親しく懇談する会合がもたれた。

三〇名近くの方々が、缶ビール・ウーロン茶片手に「笹巻けぬきすし」と「ささま」の「松葉最中」に若干のつまみで、先生方と歓談された。そのとき、筆者から「本講座の内容を本にする」旨、発言した結果、編者を引き受けることになった。諸般の事情から、すべての先生方から原稿をいただけなかったこと、さらに出版が遅れて今日にいたったことなど、ご宥恕をいただきたいが、そのときの約束が果たせてほっとしているというのが偽らざる今の心境である。

なお、本書の題名を『老いの相生（そうしょう）』とした。五行説によれば万物の生ずることを意味し、相生のものを合すれば幸福になることから、老いに「幸あれ」と祈念し、また能「高砂」は「相生（あいおい）の松風、颯々の声ぞ楽しむ」と舞い納めるように、老いを「寿ぐ」ことの含意である。

二〇〇六年四月

編者　髙木　侃

なお、ご提出いただいた原稿は、講座の雰囲気をつたえるものなど、それぞれ個性的であえて文体等の統一は図らなかった。

目次

I　オキナの思想

山折　哲雄

一

今日、老人はいたわられ、介護され、看とられる者の代表である。仕事場の現役を去った老人は、社会や家族の周縁に格上げもしくは格下げされ、養育と慰労をうける弱者としての自己を見出すほかはない。老人福祉をふくめて、ひろく社会政策の立場がそういう老人観を生みだすのに貢献し、そして老人保護とか老人医療とかの立場がそのような老人＝弱者観を強化してきたし、現に強化している。

しかし、そういうまなざしの彼方からは、けっして生きた老人の姿はあらわれてはこないだろう。老人福祉という観念の犠牲になった、ひからびた老人像が浮かびあがってくるだけである。

老人を弱者ととらえる見方が、人間を強者と弱者に分けて考える立場に発するものであることはいうまでもない。社会や家族のなかで仕事をしている強者が、老いかつ病む老人を弱者として養育し、介護し、やがて看とる。そこには、老人とは終末期を生きる弱い人間であるという考え方が前提として横たわっている。病み衰えて死に、やがて葬られる人間が、懸念と同情に包まれて監視されているのである。

要するに老人とは、強者というメシアによって救済される対象、すなわち究極の弱者の別名であるにほかならない。私は、こういう強者―弱者のパラダイムからはどんな老人問題もみえてはこないだろうと思う。救済する者と救済される者という二元論から実りある老人像を抽出しようとすること自体が、土台無理なのだ。それならばわれわれは、いったいどうしたらこうした不毛のパラダイムから解放されることができるのだろうか。

近ごろ話題になった映画に『八月の鯨』というのがある。年老いた二人の姉妹が、海に囲まれた島で暮している。姉(ベティ・デーヴィス)は、視力を失った気むずかしい老女。その世話をこまめにやく妹(リリアン・ギッシュ)は、子供っぽい、美しい表情をした、気立てのやさしい老女である。過去が蘇り記憶が交錯するなかで、彼女たちの人生がわずかずつ浮き彫りにされていく。それと並行して、たまさかの訪問者をめぐってさざなみのような波瀾が生ずる。姉がわがままな敵意をむきだしにし、妹がはらはらして対応する。だが、ある夏の晴れた朝、たがいの孤独に思いあたった二人は、入り江を見下ろす丘の上にでかける。少女時代と同じように、また鯨がやってくるだろうかと期待しつつ……。

この『八月の鯨』に出てくる二人の老姉妹は、いかにも頼りなげな晩年を送っているけれども、しかしながら誰かに養護され保護されることを期待しているような、そういう弱い人間なのではない。さびしい環境のなかで孤独に打ちひしがれているけれども、しかし彼女たちはそれにめげることなく、けなげに生きている。その意味で彼女たちはけっしてたんなる弱者でもなければ、救済される対象なのでもない。さまざまに制約される条件のなかではあっても、たまたまふりあてられた人生の主役を、せいいっぱい演じようとしているといっていいだろう。そこには、老人という世代に恵まれるある種の成熟の香りといったものさえ漂ってはいないだろうか。むろんその成熟のさきは、どこまでも暗い闇がひろがっているのではあるが……。その闇は二人のシルエットをすっぽり包みこみ、やがていずこともなく押し流してしまうだろう。その直前の、最後におとずれたわずかな輝き、――それが『八月の鯨』という映画がわれわれに送りとどけてくれるメッセージなのである。

もう一つ、映画の話をしよう。これも数年前に話題になった『黄昏《ゴールデン・ポンド》』である。夏のある日、年老いた一人の教授とその妻が、森と湖にかこまれた別荘にやってくる。そこへ、家を飛びだしたままだった娘が恋人をともなってあらわれる。おまけにその娘の恋人には、連れ子までがくっついてきた。家族のあいだに、型通りギクシャクした関係が生ずる。連れ子のビリーと老教授のあいだもしっくりいかない。ところが、やがて老教授がビリーを釣りに誘う。湖の奥に珍しい大魚がひそんでいる。それを捕ろうと、とっておきの話をする。ビリーは目を輝かせ、二人は湖にボートを出す。が、折あしく嵐がやってくる。ボートは風と波にもてあそばれて転覆し、老教授は波間に投げだされてしまうが、ビリーは必死になって彼を助けあげる。それを機に、子供と老人は急に接近し、家族のあいだに静かな落ち着きがやってくる。

この映画では、別荘にやってきたばかりの老教授は人生に絶望し、にが虫をかみつぶしたような顔をしている。その気むずかしい老人を気づかいながら、なんとかご機嫌をとり結んでいる老妻。こうして話は暗い情景からはじまるが、その気むずかしい老残者がお茶目な子供との出会いを通して、しだいに生気をとりもどしていく。人生の端役に押しやられたと思いこんでいる老人が、子供と二人だけで交歓する舞台でしだいに主役へと変身していく。それは子供にとっても、思いもかけない新しい世界の発見だったはずである。その老人と子供の変容のプロセスが、森と湖にかこまれた美しい自然のなかで展開していく。

夏が終り、娘とその恋人が去っていけば、老教授と妻はふたたび二人きりの孤独の生活にもどるだけである。『八月の鯨』にでてくる二人の老姉妹が海のかなたに望みをかけたように、彼らもまた何かに期待をもとうとしたであろうか。その期待もやがて深い闇に包まれていくであろう予感から、はたして解放されたであろうか。むろん映画は、そこまではふみこんで語ろうとはしない。

しかしながら、私は『八月の鯨』の幕切れよりは『黄昏』の幕切れの方にわずかながら安らぎを覚える。年老いた二人の姉妹が肩を並べて海の彼方に視線を投げている光景よりも、老教授と子供が最後の和解に達したときの光景に、正直いって救われたような気持になる。むろんそれからさき、老人の行く末にどんな運命が待ちかまえているか、それはわからないにしても……。

『八月の鯨』にしても『黄昏』にしても、そこに登場してくる老人は、たんなる福祉の対象になるような老人でもなければ、人生の端役をつとめる哀れな役者でもない。つまり弱者などではないのである。そこでは、われわれの周辺で無意識のうちに語られる強者―弱者のパラダイムは姿を消しているといってよいだろう。――それが第一のポイントである。

しかしながら同時に、ここで指摘しておきたいことがある。『八月の鯨』の世界と『黄昏』の世界のあいだには、それにもかかわらずすくなからざるへだたりが見出されるということである。すなわち『八月の鯨』では二人の老人の物語が主軸になっているのにたいして、『黄昏』では老人と子供の物語が主軸になって展開されているということである。そしてすくなくとも私の眼には、老人二人の幕切れはやや暗いイメージをのこしてフェイド・アウトし、それにたいして老人と子供二人の幕切れは、やや明るい光を画面に揺曳させて終息にむかっているように映るということである。——それが第二のポイントである。

さて、右の二つの映画のなかから、「老い」のあり方について三つの類型を引きだすことができるのではないだろうか。第一は、『八月の鯨』にでてくる二人の老姉妹といったペアのなかにあらわれる老いの姿である。たがいに血を分けたもの同士が、年をとり晩年をむかえるなかであらわれてくる印象的な光景を、映画は巧みに切りとっていた。第二が、『黄昏』にでてくる老教授とその年老いた妻という夫婦のあいだに浮上する老いの姿である。一般にみられる型であり、結婚した多くの人間はそのようにして晩年を迎える。そして第三の型が、同じ『黄昏』の後半になって結晶する、老教授と子供の関係のなかに生ずるもう一つの老いの姿である。この第三類型は、第一もしくは第二の型のヴァリエーションとしてもとらえることができるだろう。しかし老いにおける人間の関係という点に注目するとき、老人と子供というペアのあり方は一つの確固とした輪郭をもつものであると思う。

私は老人の可能性もしくは未来性という点からみるとき、右の三類型のうち第三の類型がもっとも重要ではないかと考える。弱者ではない、主役としての老人のあり方は、その第三類型を通してよりよく実現されるのではないだろうか。福祉の対象とされる老人を真に救うのは、実は子供という存在ではないのかということである。

二

ところで、古い時代のわれわれの先祖は、神々の存在を像に刻むとき、しばしば老人のイメージにもとづいてそうしたということにまず注目しよう。神は老人の姿をとってわれわれの前にあらわれる、と信じられていたのである。それはいったいどうしてであろうか。

神像を刻むということは、文献をみるかぎりすでに奈良時代からあったらしい。ただ、それがどういうイメージの神像であったかということは、残念ながらわかっていない。今日われわれがみることのできる神像の一番古いものは、平安時代初期のものである。たとえばその代表的なものの一つに、京都・松尾神社に伝えられている男神像がある。その男神像はまぎれもなく老人の姿、老人の表情をしている。額に深い皺がより、あごには白髯をたくわえ、やや吊りあがりぎみの両眼が前方を鋭くみつめている。服装は唐の官人風の衣服で、頭に冠をかぶっている。全体として森厳な雰囲気がただよっている神像であり、近寄りがたい神の存在感が浮き彫りにされている。

古い時代の神像はむろんこのほかにもいろいろあり、そのすべてが今みたような老人の姿をしているというわけではない。しかしながらその多くは、老人のイメージにもとづいて表現されているといってよい。すくなくとも老人のイメージを見え隠れさせるような形で刻まれている。

神像といわれて、すぐにも念頭に思い浮かぶのが仏像であろう。周知のように仏像にもいろいろなパターンがあり、その表情も千差万別といってよい。しかしそれらの仏像のなかで釈迦如来とか阿弥陀如来、薬師如来や大日如来といった代表的な仏像をみると、そのすべてが例外なく青年の姿あるいは中年の男性の姿を理想化したものだということがわかるはずである。如来たちだけではない。観音菩薩や地蔵菩薩のような菩薩の多くも、美しい肉体と若々しい表情で彫刻されたり描かれたりしている。

とはいっても、むろん仏像のなかに子供の姿をしたのがあったり、老人の姿をかりたようなものがないのではない。一々例はあげないけれども、仏像の世界にも結構マンダラ的な多様性がいろいろな形で開花しているからである。しかし全体としてみれば、仏像の世界が若々しい青年の肉体によって彩られ粧われていることは否定することができないだろう。

要するに、仏像と神像を単純に比較して眺めるとき、「ホトケは若く、カミは老いたり」という印象をつよく抱かせられるのである。それが長いあいだ、私には謎であった。それはいったいどうしてなのであろうか。

第一に考えられる理由は、神の像をあらわす場合、それを仏像と区別する必要があったということである。そのため、老人イメージが神のモデルとして採用されたのではないだろうか。知られているように、日本のカミは本来眼には見えない存在であった。ところが仏教が伝えられ仏像がもたらされると、その美しく華麗な礼拝対象の魅力が人びとの心を深くとらえるようになった。やがて眼には見えなかったはずの神を、眼に見える像に映しだそうとする動きがでてきたとしても不思議ではなかった。こうして仏教側における寺塔建設の刺激をうけて、神道の側も社殿をつくるようになり、そこに祀るべき神像を刻むようになったのである。ただしその場合、カミの表情だけは仏像の表情との差異をきわだたせるため「老人」のイメージになったのではないか、——そういう仮説を立ててみることはかならずしも不可能ではない。

しかしながらこうした理由だけで、神像成立のすべてを説明することができないことはいうまでもない。そこで第二の理由、すなわち信仰上の理由が浮上してくる。われわれの先祖は古く、死んだのちその霊魂が山にのぼってカミになるという信仰を育ててきた。たとえば『万葉集』の挽歌をみると、その多くが死後の霊魂は高いところ、とりわけ山にのぼっていって鎮まる、ということをうたっている。周知のように日本列島はひろく山と森に覆われ、そのため古来、山岳信仰がさかんにおこなわれてきた。古くは記紀神話に登場する熊野、下っては比叡山や高野山、さらに出羽三山をはじめとして、日本各地に山岳を中心に独自の聖地や観念や奇蹟物語が生みだされた。死んだ人の魂が近郷近在の山や森にのぼって鎮まるという信仰が一般にひろまるようになったのもそのためであると考えられる。事実、日本の山には頂上近くのところに阿弥陀ケ原とか阿弥陀ケ峯という地名があり、谷間近くに地獄谷や賽の河原という名前がつけられている。山が一つの他界を形成し、死後の宇宙を象徴すると観念されてきたのである。

そういう信仰を背景にして、死後魂は山にのぼってカミになるという考えが生じたのであろう。もちろん日本人の伝統的な死後観念がすべてそれによって説明されるというわけではない。しかしながらそこに、死後観念の主要なモチーフがあったことも否定することはできない。そしてそのように考えると

翁面　山本東次郎家所蔵（神田佳明撮影）

き、われわれのライフ・サイクルのなかで一番カミに近い人生段階が老人であるということになる。人間は幼年、青年、中年をへて、最後に老人へと成熟し、その最後のターニング・ポイントを通過してはじめてカミになると考えられたのである。

いつごろからか、老人こそがカミへの最短距離にある存在だと考えられるようになったのだと私は思う。そういう来世観のなかから老人という存在にたいする特殊な感覚が育てられていったのではないだろうか。それが、神像をつくるのに老人＝翁のイメージを借りてきた基本的な動機だったのではないかと

ないかと思うのである。

記紀神話をみればわかるが、カミはしばしば翁の姿でこの世にあらわれる。たとえば天孫ニニギノミコトが地上に降臨したとき、この神を出迎えたのが塩土老翁という老人であった。そしてこの塩土老翁は自分のことを「国つ神」であると名乗っているのである。また奈良時代から平安時代にかけて書かれた説話や縁起をみると、不思議な威力をもった翁があらわれ、みずからを観音菩薩の権化であるといったり、神の化身であると宣言したりしている。八幡神も稲荷神も人間世界にその姿をあらわすときは、しばしば老人の姿に身をやつしている。そういう伝統がいつのまにかできあがっていたのである。

そういうことを考えるとき、古い時代の神像の多くが翁の姿であらわれてくるというのがたんなる偶然ではなかったことに気づかされるであろう。それどころか日本のカミは、むしろオキナとしてこの世に登場する運命を背負っていたとさえいえる。そういう思想的な事情を考慮して、私はあえて「ブッダは若く、カミは老いたり」というようなことをいってみたのである。そしてこの命題の背後に、仏教と神道の違い、その両者の人生観の差といったものがしだいにみえてくるのではないかと思う。最後に、その問題にふれてみよう。

細部を捨象していえば、ブッダの表情や肉体が若々しいのは、大乗仏教の経典が「永遠の仏」という思想を説いているからだと私は思う。永遠の仏というのは死滅しない仏陀ということである。それはむろん現実の人間の生命を超越している。現実の人間の生命を超越しつつ、しかもこの永遠性を具体的な姿であらわそうとするとき、青年の身体が理想的なモデルとして採用された。肉体の表現という点からするとき、青春が永遠を象徴する絶対の年代とされたのである。

これにたいして、カミがオキナのように老いているのはどうであろうか。人間は人生の最終段階においてはじめて神と同化するのだという思想が、そこには前提されているからであると思う。この場合、人生の最終段階というのは成熟のクライマックスの段階と考えてもよいだろう。そのクライマックスは肉体的には衰弱の徴候を示し、いわば枯木のような生命エネルギーの減少をあらわしているかもしれない。しかし同時に、その死に向かいつつある肉体のうえには知恵の輝きが静かに宿っている。

もしもそうであるとすれば、オキナというのはかならずしも不老長寿の人生をあらわすものではないということになるだろう。なぜなら不老長寿というのは、老いずして長寿を保つ、ということであるからだ。そしてオキナの境地というのは、そのような長寿を意味するものではないからである。そうではなくてオキナという存在のポイントは、むしろ老いつつ長寿を保つというところにあるのである。老いを積極的に受け入れつつ、生命の限界をギリギリまで生きることを意味している。そしてこの老いの果てのなかから成熟という果実がもたらされ、それとともに神が近づいてくる。神の世界への移行がいつのまにかはじまっているのである。

以上のべたところからわかるように、ブッダの顔とオキナの顔がさし示すものはこのようにかなり違ったものではないだろうか。人生というものにたいする考え方の質的な違いが、その両者の根本に横たわっているのだと思う。仏教における悟りという事態と神道における成熟という境地の差といってもいいであろうか。むろん実際の問題としていえば、悟りに成熟の要因がはらまれているように、成熟の境地にも悟りの世界が芽生えてもいるにちがいない。しかしながらたとえそうではあっても、究極のところではブッダとオキナの表情はやはり明らかに異なった観念をわれわれの前にさし出しているように思うのである。今日の老人問題を考える場合、これまでのべてきたようなオキナの伝統とそこに含意されている思想を念頭においておくことが必要なのではないであろうか。

参考文献

山折哲雄『神から翁へ』（青土社、一九八四年）
山折哲雄「老熟と翁」（『老いの発見』第二巻、岩波書店、一九八六年）所収
D・W・プラース『日本人の生き方』（井上俊・杉野目康子訳）（岩波書店、一九八五年）

本稿は、比較家族史学会監修『老いの比較家族史』（三省堂、一九九〇年）に所収されたものを一部字句を統一し転載するものである。

II

高齢者の自助精神

——老後を子に依存しなかった江戸

髙木　侃

はじめに——いま高齢者問題で歴史から学ぶこと

三十有余年、江戸の離婚研究のみに専念してきたといっても過言でない筆者が、そこから学んだものは、従来の「夫専権離婚」説、すなわち夫の追い出し離婚といわれていたことに対して、それは法のタテマエではあったかもしれないが、実態は今日の協議離婚に相当する「熟談離婚」説にいたったことである。

それを論証する過程で、一般的に妻の承諾なしには離婚が成立せず、夫は離縁状を交付して、妻からその承諾書である「離縁状返り一札」を受理したのであり、離縁状と離縁状返り一札の多くは同時に授受された。夫がもし妻に離縁状をたたきつけて追い出したとき、妻がこれを押し隠して離縁状を受理していないと訴え出たとき、夫は離縁状を交付した事実を立証しなければならなかった。もし、立証できなかったら「所払い」の刑罰が科されたのである。したがって、夫は返り一札によって離婚の確証を手にし、その後の再婚に妻からの異議をはねつけることができたのである。いいかえれば、離婚に際して夫婦間で離縁契約書（離縁状とその返り一札）の交換をなしたともいえるのである。

また、夫が不法・不埒のときはあらかじめ離縁状をさし出させ、離婚権を妻側で留保することがあった（これを「先渡し離縁状」という）。娘の婚約者に将来の不安をおぼえたときなど、あらかじめ先渡し離縁状を出させておき、娘が生活上の苦難にあったときは、引きとって別に再婚させることを約束させたものさえあった。このように江戸では庶民は日常的に約束ごとを文書契約していたことに留意しておいてほしい。

さて、本題の高齢者問題である。人間にとって老いはさけて通れない。高齢者（老人）といえば、六十五歳以上をさすが、今世紀になると、四人に一人が高齢者という、世界中どの国も経験したことのない、急激かつ未曾有の「超高齢社会」が目前である。老後をいかに過ごすか、また老親をいかに扶養するかは、世代・年齢に関係なく、だれもが直面する問題である。

戦前の明治民法では、まず「家」があり、相続は親の死亡と隠居によって開始した（現在は相続の開始原因は死亡のみであって、法的には隠居によって相続は開始しない）。親が隠居すれば、跡継ぎが「家」を相続し、親の面倒をみることは当然で、法律で義務づけられてもいたので、安心して全財産を譲って隠居できた。隠居の老後は法律が後押ししてくれたのである（もちろん、それでもダメな跡継ぎのときには財産が失われることは仕方のないことであった）。

しかし、戦後の民法改正で「家」を廃止した。戦前には扶養権利者・義務者に順位があったが、民法八七七条は、第一項で「直系血族及び兄弟姉妹は、互に扶養をする義務がある」と規定した。親子（直系血族）間においては、互いに扶養義務を負うこととなった。したがって、親の扶養は相続同様、子に均等に分けられることになった。にもかかわらず、親は跡継ぎが面倒をみてくれるものと信じ、また跡継ぎに面倒をみてもらいたいと思っているのがホンネであろう。しかし、実際には子がひとしく親の面倒をみなくなったといえるのである。

写真１　奉公人請状の戯文

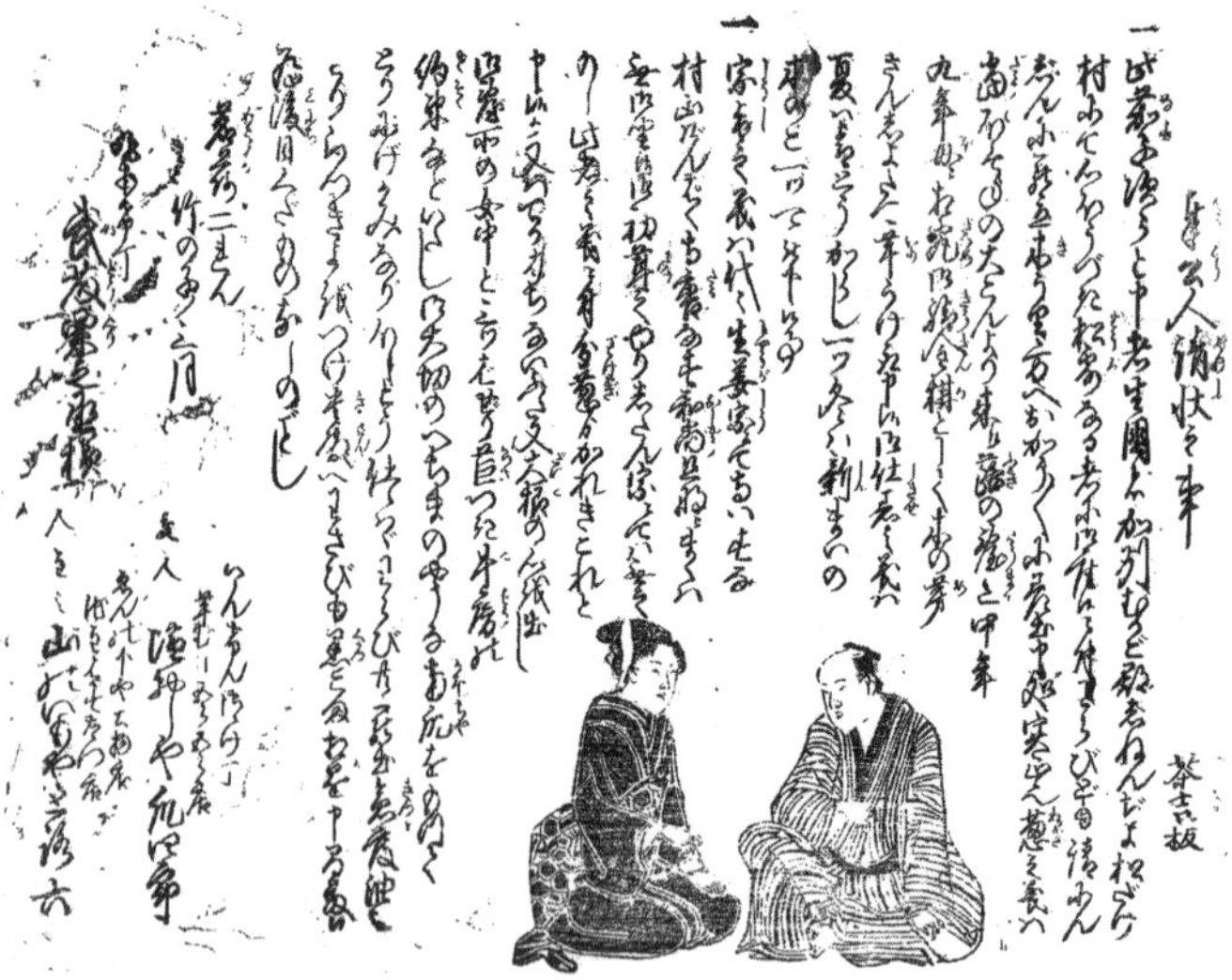

その意味では、今日の高齢者問題の所在は、むしろ親側の意識にあるといえるが、このところ、親の意識にも変容を来しており、親の方もなるべく子の世話にはなりたくないという傾向にある。とはいえ、まだ根強く残っている、子に依存する、もしくは依存したいという意識は明治以降の所産と考えられる。それ以前の、江戸時代庶民の場合の老後とその扶養はどうであったのか、扶養する子の側の意思もしくは観念からではなく、扶養される高齢者の側から、実証的に考えてみよう。江戸では自分（高齢者）の老後はどう始末をつけたのか、ということである。

幕府の高齢者対策と庶民の自衛策

江戸時代の高齢者は日常的に文書契約をかわ

して自分の老後生活を自衛した。具体的事例はあとで述べるが、庶民が契約を文書の形で残すということは、当時、ごく自然に、しかも頻繁に行われたと思われる。そのことは契約書式（雛形）が販売されて流布したことによって理解される。少なくとも文化文政期になると、往来物の一種である契約等の書式集「用文章」が多数出版されている。しかも契約文書の書式が戯文仕立ての一紙文書として販売されるほど、巷間に親しまれたのである。一例を掲げるが（筆者所蔵、写真1）、これは植物（食物）尽くしの「奉公人請状」の戯文である。冒頭の一文（三行目下から五字目迄）は

一、此茄子次郎と申す者、生国は加州むかご郡じねんじょ松だけ村にて、心ほうづき松露なる者に御座候ニ付、わらび（私）ども請にんじん（人）に罷立、木うり（貴殿）方へおこうこう（奉公）に差出申処実正也

とある。この一文だけでも、傍線のとおり、茄子・零余子・自然薯・松茸・酸漿・松露・わらび・人参・胡瓜・お香香などとみえる。このような戯文が書式を模しているとはいえ、実際の文書を書くときには、用文章の書式をみて書いたと思われるから、この戯文は衒学的な遊び感覚でなされたものと思われる。すれば、実際の、もしくは書式の契約内容の理解が前提とされることになるから、よほど契約文書が日常的なものであったということがうかがえよう。

ところで、江戸時代の老親扶養は「孝」の原理にしたがい、老いて扶養介護を必要とする者が出れば、誰よりもまずその子に責任を持たすのが幕府の基本原則であった。

子のいない老人は、親類で引き受けるべきとされ、さらに子もなく親類も見つからなければ、村で世

話をしなければならなかったが、実際に世話を引き受けたのは五人組であった。町についても同様で、地縁的な関係者が老人介護を引き受けさせられた。これらはいずれも「私的扶養」の範疇に属する。

幕府の公的扶養に関する立法といえるものは、一七九二（寛政四）年五月の「窮民御救起立」にはじまる。それには「七拾歳位より以上ニて、夫并妻ニわかれ、手足之働も不自由ニて、やしなわるへき子も無之、見継可遣ものもなく、飢にも可及もの」があれば、家守から名主印形の願書を柳原籾蔵会所に提出し、町々の積金のなかから手当を支給するものとした。生活扶助の手当を給付することで町方に世話をさせたのである。江戸のみに施行されたものだが、老人を対象とした公的扶助制度の創設である。とはいえ、七十歳以上、連れ合いを失い、子も親類もなく、手足が不自由で、極貧の者に限定されたので、実効性はほとんど期待できなかった。幕府の特別な公的扶養ですら、この程度にすぎなかったのであるから、結局のところ、子や親類による私的扶養のみが頼りであった。しかし、たんに扶養をあてにするより、自分の老後は自分で始末する方が確実であった。その高齢者の自衛策こそ跡継ぎとの契約によって老後の保障を取り付けることであった。以下具体的事例をみよう。

高齢者とその親族間契約

隠居免の留保

さて、契約文書による高齢者の自助・自衛の具体的諸相をみよう。まず江戸の親は老後の生活保持のために、その隠居に際して一定面積の土地を留保した。もちろん、かなりの土地を所有する場合に限られたことは当然のことであるが、この種の文書を隠居免（面）証文という。隠居免を留保することが一般的かつ全国的な慣行であった。

一七一三（正徳三）年正月摂津国武庫郡上瓦林村（現・兵庫県西宮市）の事例では、「下々田弐反五歩が市兵衛、下々田壱反弐拾五歩がその老妻、新開畑は不残市兵衛」に「隠居料」として決めたとあるが、本文でこれを「隠居渇命料」と書いている。一定の土地を留保して、老後の生活保持にあてたことが端的に表現されている。なお、三ケ所のうち、前二者は「我等死後ニハ宇兵衛方へ請取可申候」とあり、隠居の死後は相続人に渡すこととしているが、隠居が開発した新開畑はいつでも勝手に売り払うことがあると明記している。

これは高齢者夫婦の隠居免であるが、一七四八（延享五）年夫が先に亡くなり、寡婦となった母の隠居免もみられる（筆者所蔵）。

母隠居地之事

一、高壱石弐斗五升目　　屋敷ニて

新田米三俵壱斗

一、定納畑壱枚　新田米壱俵三斗五升　　奥屋敷

一、同断田　　同断弐俵三斗五升　　椿ヶ谷

〆　　〆七俵弐斗

右之地隠居免ニ正法寺老僧訳被置候分、今度書付母人え相渡シ申候、然上ハ何時成共隠居被致候節、相渡シ可申候、只今之通勝手御役之内は、表方ニ差被置可被下候、若シ如何様之義出来仕候とも隠居分ニ御座候間、少も構無御座候、為後日証人加判如件

本人　七郎左衛門

延享五年正月日

庄や　七　兵　衛㊞

母　人　え

この文書は入手経路と正法寺老僧および小字名の屋敷から、上野国新田郡脇屋村（現・群馬県太田市）のものと推定される。おそらく檀那寺とおもわれる正法寺の老僧が介入し、隠居免はしめて「七俵弐斗」が分けられることになった。隠居母には十分な手当てといえるが、文中に「勝手御役之内」とある。つまり、この母はいまだ「勝手御役之内」つまり家計を管理していたようで、財布を握っているうちは「表方」つまり主人七郎左衛門の方で使うことになっているが、気丈な母にできるだけ早く隠居してもらい、嫁（七郎左衛門の妻）に家計を譲ってもらいたかったのかもしれない。姑と嫁の確執が見え隠れすると考えるのは深読みにすぎるであろうか。

このように隠居免は個別・具体的にそれだけを規定した証文のほか、聟養子縁組証文などに、ほかの事項とともに規定されることが多い。聟養子とは家督相続の目的で家女（家付きの娘）と娶わせるために迎える養子である。上野国緑野郡三波川村（現・群馬県多野郡鬼石町）から見いだされた証文をみよう。年次不詳の聟養子名跡証文では、所有田畑一町五反七畝十八歩のうち、二反四畝二十歩が隠居免

で、全体の約16％であった。聟養子ははじめに養親夫婦に対して「不孝ケ間敷儀無之」ことを誓約している。隠居免は老「夫婦存生之内」は所持いたし、「末々」は聟養子に返すとわざわざ明記している。これは隠居分家しないことの表明である。一七四九（寛延二）年の聟養子縁組証文では、「身上相応之隠居免」という書き方もみられ、この場合、家産との割合は知ることができない。一七一〇（宝永七）年の名跡証文では、持参金百両、相続財産は五町余、隠居免は一町余で、約二割であった。また「隠居被成候ハヽ、持高之内三分壱、村中御了簡ニて割出し可申候」と隠居免の割合を明記した例もある。総平均を出すほどの事例がないので、早計にはいえないが、隠居免の所有田畑に対する割合は大体一割から三割以下と推測される。

隠居扶養契約

ときには隠居免のほかに、金銭や現物の給付を規定した隠居契約文書がみられる。一七四七（延享四）年上野国甘楽郡譲原村（現・群馬県多野郡鬼石町）の例では、四項目にわたる内容で、第一項には、亡き夫の遺産金「壱両三分」を渡すこと、第二項には、日常生活にかかせない燃料である薪木の提供が約束され、第三項では、隠居免として兄弟双方から「畠麦壱斗蒔」が出されるほかに、隠居屋敷の普請もなされるとあり、隠居が別宅に住んだことがわかる。最後の項は、野菜畑が提供されるほか、隠居屋敷は兄弟の屋敷の中間に普請すると規定されている。その広さは不明であるが、まさに子供両人宅からスープの冷めない距離で生活したことになり、老親への配慮がうかがえる。

隠居免のほかに現物給付によるサービスがなされてくると、必然的に土地を留保するかわりに、相続と対価的関係に立つ扶養義務がとってかわり、しかも扶養義務の内容が定量化されてくることになる。一七四六（延享三）年上野国利根郡真庭村（現・群馬県利根郡月夜野町）の「百姓高分け并隠居料証文」には、隠居屋敷、つまり別宅に住むか否かをふくめて隠居の自由に任せるとした上で、隠居料として一ケ年に「御蔵米九俵・金子三両」のほか、塩・味噌・薪などはその時々に不自由なく届けることとなっており、金銭給付と現物給付が十分になされることが契約されている。

同様に「御養米と小遣料」を給付することが規定された、一八一一（文化八）年上野国群馬郡渋川町南横町（現・群馬県渋川市）の契約文書もある。御養米と小遣料月一分が確約されているほか、別に四反六畝四歩の耕地と屋敷一つ、土蔵一つが譲られ、さらに親類の惣左衛門から金五両と、「当年入用」として六か月の扶持分一石六斗と金壱両弐分が渡された。この事例は高齢者ではなく、二十四歳の若隠居が学問に専念するというきわめて特殊な事例であるが、配慮は十分になされている。

また隠居母をめぐる武蔵国入間郡赤尾村（現・埼玉県坂戸市）の事例は、相続人兄弟二人の間に争いがあり、支配の役所に訴訟に及んだが一旦は内済（示談）するも、その内済議定が等閑にされて、また弟が兄を訴えたものである。一八五三（嘉永六）年の二度目の「取究議定」には、まず、兄弟二人から費用を出させ、弟の屋敷内へ建てる母の隠居屋は本家が責任をもつこと、二つは兄が約束した母小遣料一両二分は毎月二朱ずつ本家に届けること（弟も同額を負担したが、こちらは滞りなく支払われたものであろう。合わせて三両が扶養料であった）、三つは母が病気のときは弟宅に引き取って養生させるが、兄夫婦はもちろん孫にいたるまで弟宅へ来て、薬用手当てにつとめること、の三項目が規定された。

隠居屋敷

ところで、隠居にあたってその老後生活をささえるために、隠居免を留保し、また隠居（扶養）料の取り決めとあわせて問題となるのが、その住まい方である。そもそも隠居には、跡継ぎと同じ家に同居する隠居（同居隠居）と別居する隠居とがあり（別居隠居）、後者には同じ屋敷内に別宅を建てて住む場合と屋敷の外に家を建てて住む場合とがある。

譲原村の例では母「隠居屋敷普請」はこの十月中に兄弟で「急度作り置可申候」とあり、しかも「屋敷場」は兄弟宅の中間とするとあるから、別宅隠居である。真庭村の例では「隠居屋之儀ハ末々御心任ニ可被成候」つまり、同居・別居は隠居の自由と定めており、赤尾村の例でも「母隠宅」つまり、隠居屋は本家が責任をもって建てるとある。

老年になり倅に別居を願うがいれられず、支配役所に訴え出た父親がいる。一八三二（天保三）年武蔵国入間郡石井村（現・埼玉県坂戸市）での出来事である。村役人を差し越しての駆け込み訴えは御領法にもふれるということで、親類・五人組両人が立ち入り、差し越し願いの件は両人が詫びて決着する。「別居」の上、倅から父へ次のような「手当」つまり、扶養が取り決められた。

一、壱人扶持　　但一日五合積、米并割麦半高ツ、四度送り積

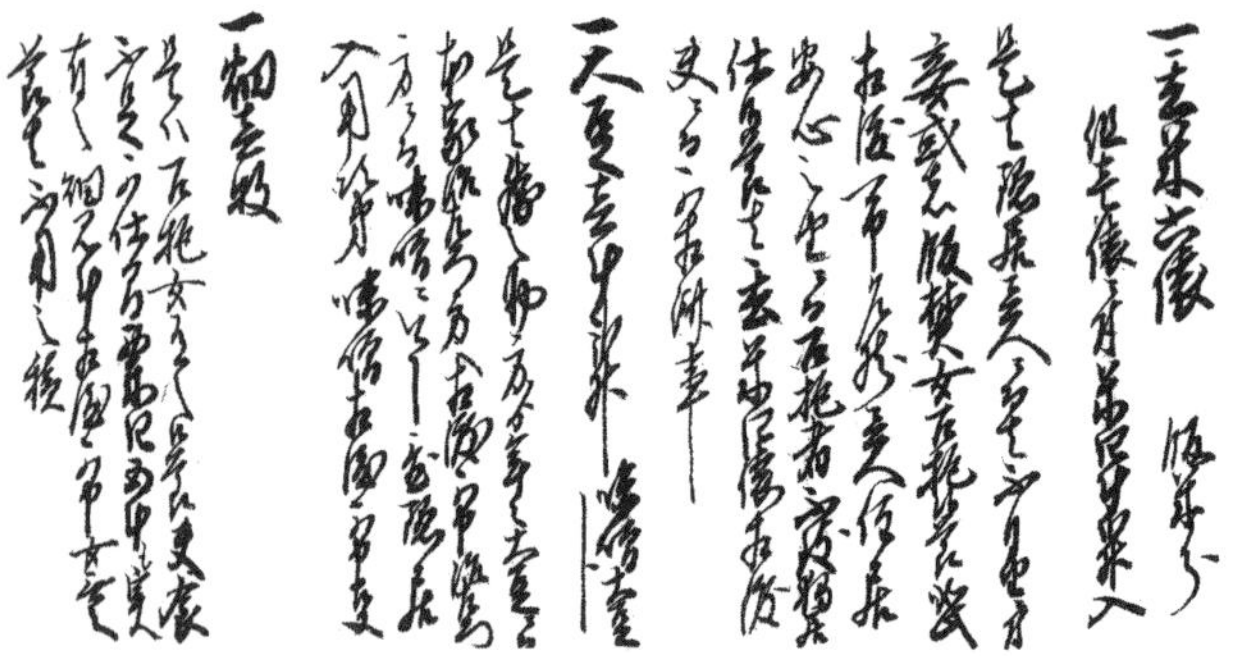
写真２　隠居免年々入用取極帳（部分）

一、塩醤薪代見込　大凡一日銭廿四文積りニて、金壱両壱分
　也、右同断四度送リ
一、年中小遣手当　壱ケ月金壱朱之見込、年分金三分也、右
　同断
一、三度時服　但夏秋冬　木綿布
一、別家建　但壱人住居百姓相応ニ建

この事例では、扶養米一日五合、塩・醤油・薪代年一両一分、子遣手当として年三分、三度の時服と、ほかの隠居扶養に比べて厚い庇護がなされている。さらに百姓相応の「別家」を建てることになった。

別家を建てることを明記した、一八一九（文政二）年越後国魚沼郡谷内村（現・新潟県中魚沼郡津南町）の「治郎助隠居免年々入用取極書付帳」という横帳がある。これは二通が作成され、現存の一通は庄屋郡蔵が預かった分である。以下本文をそのまま引用する（筆者所蔵、写真２）。

覚
一、玄米六俵　飯米分　但壱俵ニ付米四斗弐升入

是は隠居壱人ニては不自由ニ付、妾或は飯焚女召抱候節如此相渡可申、乍然壱人住居安心之由ニて召抱者不致、独居仕候節は玄米四俵相渡、夫ニて可相済事

一、大豆壱斗弐升　　味噌大豆分

是は勝之助方より年々大豆ニて本家治左衛門方相渡可申、治左衛門方ニて味噌ニいたし置、隠居入用次第味噌相渡可申事

一、畑壱枚

是ハ召抱女有之候節夫食不足可仕間、粟四、五斗も実有之畑見計相渡可申、女無之節は不用之積

一、屋敷壱ケ所　　字宮の下、畑壱枚不残

明地ニ野菜作り可申、不足候ハ、、治左衛門より貸為作可申事

一、家　長　三間

横　弐間

外雁木を入口ニ附、専（ママ、雪カ）隠水屋之積

一、使道具之分は本家治左衛門見計を以、二人分用事相叶候程可遣事

一、薪壱坪半　但、壱坪六尺四方之積

一、右之通隠免新親ニ引訳候上は、勝之助身上差支整可有之、右ニ付ては倹約第一ニて家風引替候積、万端本家治左衛門より差図可仕候間、隠居よりハ治左衛門ニ相任置差構申間敷候事

右は治郎助義、先年忰勝之助へ身上相譲候節、凡隠宅之儀も申談置候得共、是迄同居いたし居候、然ル処為安心隠宅造り候方可然旨、今度皆々相談双方へ申聞、和合之上隠宅普請別宅仕候ニ付、右壱ケ年隠免相定候処相違無御座、然ル上は年々隠免冬中請取、治郎助よりは実子同様慈愛いたし、余慶之入用相望申間敷、勝之助よりは随分孝養可仕候、為後日帳面ニ相記、親類立合之もの一同連印仕置申候、以上

これに「相吉」の子である跡継ぎ・勝之助、父隠居・治郎助、ほかに親類惣代・分家仲間二名が立会人、そして本家・治左衛門が捺印している（ただし、隠居は爪印）。さらに庄屋・郡蔵が奥書するとあるが、庄屋本人が預かった分なので捺印は無い。表紙に書かれた表題は「隠居免」とあるものの、実際には「年々入用」として玄米六俵のほかさまざまな現物支給にかえられている。これは隠居免としての土地の留保が、しだいに現物・金銭による扶養にかわったことを端的にあらわしている。

隠居は倅勝之助を「実子同様慈愛いたし」とあるので、勝之助は養子もしくは聟養子であった。資産を相当有していたと思われ、この隠居免はこれまで見たもの中で最も厚い扶養内容となっている。特筆すべきは、独居は不自由だからと、妾もしくは飯焚き女を雇うことを勧めていることである。その女一人分として、玄米二俵のほか、粟四、五斗を収穫できる畑一枚が用意されたが、これは女を雇わないときは当然不用となる。隠居本人の扶養米としては玄米四俵で、ほかに味噌醸造用大豆一斗二升分を本家に預けて味噌に加工してもらい、必要なときいつでも不自由なく支給されるものとしている。

ところで、ここでも隠宅つまり隠居屋のことが問題となっている。すでに先年家督相続したときに隠

居屋をたてることで相談ができていたにもかかわらず、今日まで同居してきたが、隠居が心安く生活するには隠居屋を造るのがよかろうと、本家・分家とも相談の結果、普請の上、別居することになった。隠居屋は屋敷地一ケ所が特定されていて野菜畑もあることから、別宅隠居であったろうと思われるが、三間・二間の六坪、十二畳分の家屋を普請し、入り口には雁木をつけ、隠水屋のつもりとある。諸道具も二人分、さらに一坪半の薪小屋も用意された。

隠居の居住空間——下野国住居絵図帳にみる

これまでみてきた九例のうち、隠居免そのものを規定した隠居免証文は三例、扶養契約証文のみが一例で、残りは隠居屋のこと、つまりその住まい方が重要な要素となっている。谷内村の例では三間・二間六坪の隠居屋と明記されているが、ほかでは石井村のものに一人住まいの住居を「百姓相応」に建てるとあるのみで、具体的にどのような住まいが用意されたかは判然としない。

日光道中沿いの村の中には、各戸の平面図に間取りを描いた「住居絵図帳」が若干見出される。当地域に「住居絵図帳」が残存するのは、ひとえに日光社参、すなわち徳川家康の忌み日である四月十七日に将軍みずから日光廟に参詣する際に作成されたものである。なぜかといえば、日光社参は一六一七(元和三)年に始まり、一八四三(天保十四)年までに、都合十九回実施されたが、日光道中には本陣・脇本陣がなく、随行する諸大名の宿泊のため周辺の百姓家を供する以外に方途がなかったからである。下野国(栃木県)では宇都宮城が宿泊地であったから、現在の宇都宮・今市両市周辺の村々で住居絵図帳が作成された。そこにみられる隠居が確保した居住空間は、直接的に隠居の処遇をあらわしているといえよう。

一七二六（享保十二）年河内郡鶴田村（現・宇都宮市）の住居絵図帳には、四十七軒の平面図が書き留められている。そこには肩書のついた居住者名、母屋や付属屋の桁行・梁行寸法、方位などを記し、母屋や付属屋の平面を描いている。村内は庄屋一軒、組頭二軒、百姓三十軒、水呑十軒、肩書の記載のない者二軒、前地（まえち、制限的構成員）一軒、寺院一軒である。

この住居絵図帳のなかに「隠居家」と明記されたものが十一軒ある。これに基づいて隠居家の坪数と隠居を含めて家族が暮らす居住空間（つまり母屋と隠居家）のなかで隠居家の占める割合、同居・別居の別等を整理した（表1）。

隠居家は平均すると七・七坪、家族が暮らす居住空間のなかで隠居家の占める割合は平均で29・2％となっている。この平均値に近い別宅隠居である御百姓新八家の平面図を掲げよう（図1）。母屋の土間を除くと隠居屋敷の割合がもう少し増加する。このように鶴田村では、別宅隠居がほとんどであるが、組頭長左衛門家の場合が唯一同居隠居である。

このほか住居絵図帳が存在する地域は十村あるが、うち隠居家の記載がなされているものは三ケ村、すなわち河内郡上戸祭村（現・宇都宮市）・同郡田中村（現・南河内町）・那賀郡南小倉村（現・今市市）である。これらを整理して表にした（表2、年次とは住居絵図帳の作成年次のことである）。

日光社参という特殊事情から作成された下野国の住居絵図帳に描かれた隠居の居住空間は、繰り返

表１　鶴田村隠居家坪数　(単位：坪)

	当主名	母屋Ａ	隠居家Ｂ	馬屋	添家	総坪数	B/A＋B	同・別居
1	半　兵　衛	12.5	12.5*	10**	6	41	50%	別
2	市　兵　衛	16.5	6	2.25	6	30.75	26.7	別
3	甚 左 衛 門	26.5	8	18	8	60.5	23.2	別
4	与　四　郎	15	4.5	12.5	6	38	23.1	別
5	新　　八	13	6	6		25	31.6	別
6	権　衛　門	19	10	8	6	43	34.5	別
7	加 右 衛 門	40	8.75			48.75	17.9	別
8	五　兵　衛	24	4.5	11	0.75	40.25	15.8	別
9	次 郎 兵 衛	18.75	6			24.75	24.2	別
10	太郎右衛門	12.5	10	8	4.5	35	44.4	別
11	組頭長左衛門	19.25	8	15		42.25	29.4	同

*：半分土間　**：馬屋の坪数が多いのは土間を含むからである

図１　御百姓新八家の平面図

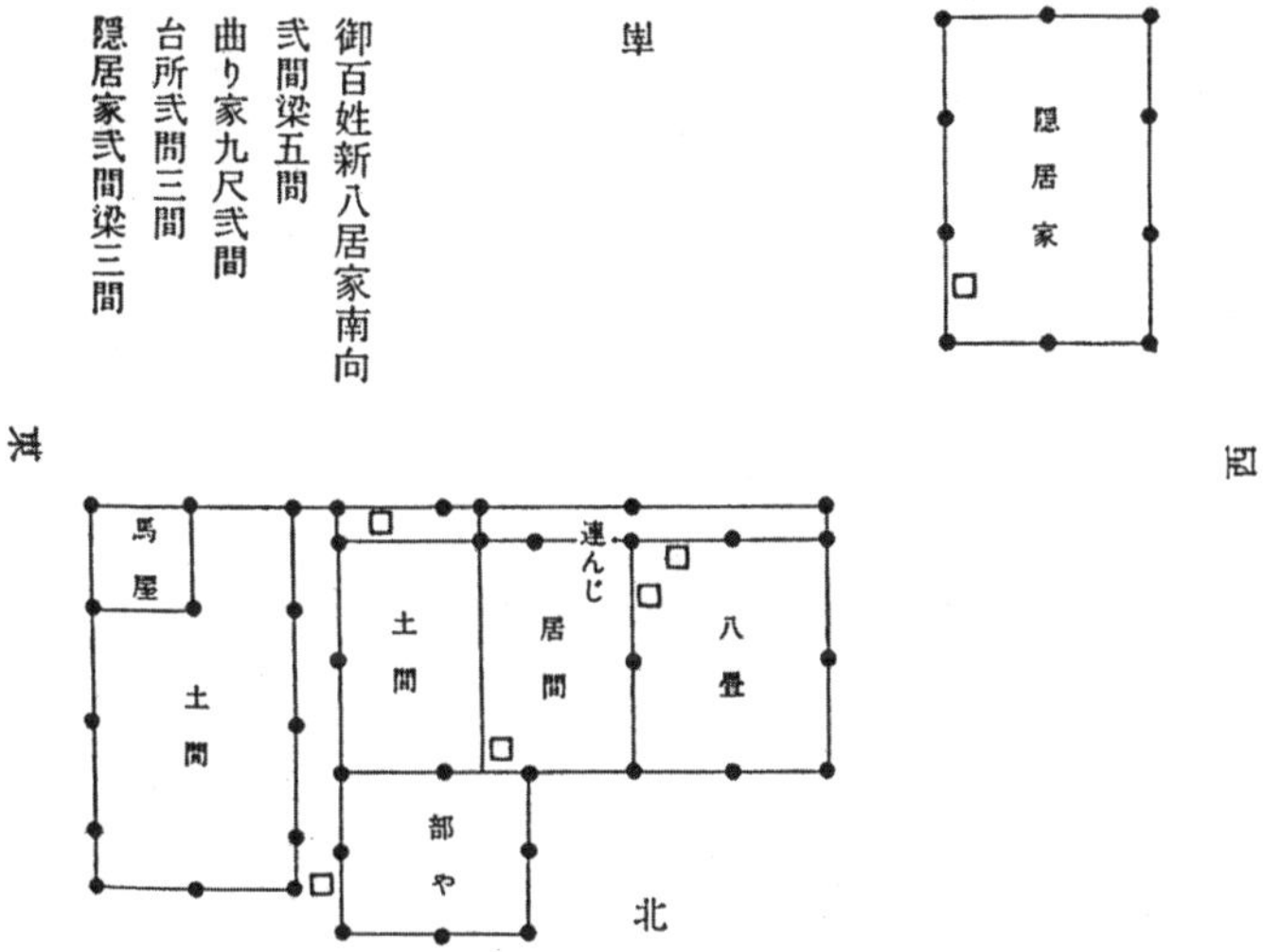

表２　三ケ村隠居家坪数

村名	年次	全戸	当主名	母屋Ａ	隠居家Ｂ	B/A＋B	同・別居
上戸祭村	明和七年（一七七〇）	43	弥五兵衛	40	11.25	22%	別
			市兵衛	17.5	8	35.6	別
			利兵衛	35	8.75	20	別
			権兵衛	47.25	6	11.3	別
田中村	文政六年（一八二三）	29	清左衛門	22.5	6	22.1	別
			太助	28.5	6	17.4	別
			忠治右衛門	29.75	15	33.3	別
			清助	30	6	16.7	別
			茂右衛門	24	6	20	別
南小倉村	享保十三年（一七二七）	38	権左衛門	24.5	10	30	別
			忠右衛門	41.25	8	16.2	別
			三郎右衛門	41.25	7	14.5	別
			佐兵衛	37.5	*4	10	同
			八郎右衛門	36.5	*5	12	同

*：この２軒は平面図に名はないが、人別帳で推測したものである

しになるが、まさに直接的に隠居の処遇をあらわしていることを強調しておきたい。四村の事例からいえることは、まず、鶴田村の事例では、村内四十七軒のうち十軒の別宅隠居、一軒の同居隠居があり、隠居率23・4％である。この隠居率は、田中村17・2％がややそれに迫るが、上戸祭村9・3％、南小倉村13％に比して極めて高い。

つぎに隠居の同居・別居についていえば、鶴田村の事例では一軒、南小倉村では三軒の同居隠居が推測されるにすぎない（特定できない一軒を含む）。それは住居絵図帳の史料的性格からやむをえないにせよ、明らかな同居隠居は鶴田村の一事例を除いて、みることはできなかった。屋敷内における別宅隠居が多いこと

は、隠居の生活空間としては、同居隠居よりも相応しいと考えられる。

ここにあらわれた四村の隠居の居住空間、つまり隠居家の平均坪数は、七・六五坪である。隠居家にも土間があり、これが平均してほぼ二坪で、残りは五坪、十畳が隠居の生活の場であり、決して狭いとはいえないであろう。また、隠居を含めて家族が暮らす居住空間のなかで隠居家の占める割合は、最高44・4％、最低10％、平均して23・25％である。隠居は家族が生活する場の四分の一を占めていたわけで、特別に優遇されていたわけではないにしても、別宅が用意されたこととあわせて、隠居生活には十分の空間であったといえようか。

貧農の高齢者と跡継ぎ

これまでみてきた隠居は隠居免などをみてもおおむね後継者に譲るべき相応の財産があった富裕な農家の場合である。ごく貧窮なときは高齢者（楽隠居なぞおぼつかず生涯現役であった）の場合はどうであったろうか。

跡継ぎが都会にあこがれて、親を見捨てて出て行ってしまうことはなにも今日に限ったことではない。江戸時代にもみられた現象であるが、当時はたんに都会への憧憬ばかりでなく、貧しい農民にとってはなによりそうでもしないと生活が維持できないという状況の故である。

武蔵国荏原郡太子堂村（現・東京都世田谷区）の藤次郎・もん夫婦の事例を紹介しよう。藤次郎は一八〇四（文化元）年十七歳のとき、五歳年長のもん二十二歳と結婚したが、藤次郎の持高は、一八四三（天保十四）年に四升三合余で、村内では零細持高の「極下層」で、生計は主として大山街道沿いで旅人相手の零細な農間余業に依存していた。同年三月の「村明細書上帳」によれば、「醤油・菓子・草履・草鞋商ひ」とあり、旅人相手のささやかな雑貨商であった。

藤次郎・もん夫婦には一八〇五（文化二）年生まれの一人息子文蔵がいたが、いつのころか離村し、長い間、夫婦二人だけの暮らしが続く。一八四二（天保十三）年、文蔵（三十八歳）は妻りき（三十三歳）と、出生したばかりの長男金五郎を連れて親元に戻ってきた。りきは四四年に次男与惣吉を出産するが、翌々年には二人の子供を相次いで亡くしてしまう。このころ文蔵は大山街道沿いで農間余業として「通り鮨屋」と呼ばれた鮨屋を営んでいた。りきは一八四七（弘化四）年三十八歳で三男善次郎を出生した。この年文蔵の娘かね（十一歳）が藤次郎家に入ってきたが、どのような理由であったかは不明である。翌弘化五年、文蔵は妻りき、娘かね、倅善次郎を連れて離村し、江戸で「借家商渡世」を始めた。結局のところ、世帯もおおきくなり、しかも細々とした農間余業では生活がなりたたなかったからであろう。

倅夫婦や孫に去られ、もんは病床につき、藤次郎は再三にわたり文蔵に帰村をうながすが、帰っては来なかった。そのため藤次郎は文蔵たちの人別送り状の申請を名主に出さなかったが、零細農家の働き手が離村すると村では藤次郎夫婦の面倒をみなければならず、あるいは名主などの村役人からでた知恵かもしれない。人別送りがなされないということは、文蔵は江戸での正式な居住を認められないことになるから、困ったことになる。そこで、翌四九（嘉永二）年二月、親類・組合が仲介に入り、文蔵は両親の扶養を約束した証文を差し入れる。その両親に対する「扶養取極証文」によれば、まず、老夫婦に「飯米として毎月米壱斗弐升宛（年一石四斗四升、一日当たり約四合）」が倅文蔵から送られることになる。これは一人の標準的な年間消費量を一石余（一日当たり三合）とすれば、ほぼ一人半に相当し、老夫婦には十分といえようか。そして、必ず送ること、もし母親に余病が起きたときはさっそく見舞うことで話がつき、ようやく父親は人別送り状の手続きをとり、文蔵は離村が正式に認められる。老夫婦は二人暮らしを余儀なくされ、五四（嘉永七）年、もんは七十二歳で死去、わずかに残っていた畑一畝歩余を銀四匁八分で売却して、親類の厄介になっていた藤次郎も翌安政二年六十八歳で死去してしまう。そのとき執行された葬式の「香典帳」には、「一金弐朱也　宮益町文蔵」という記事がみえる。文蔵は江戸府内といっても実家の太子堂村とさほど遠くない宮益町（現・東京都渋谷区）に居住したのであるから、両親を気遣っていたことがうかがわれる。極貧にあえぐ百姓には、自分で老後を安定的に過ごすための方策は実際にはなかなか難しかったといえる。それでも倅は老親の扶養にできるだけのことはしたのである。

同様に貧農の老親扶養を紹介する。一八三六（天保七）年八月、老母の扶養に関する対談書によれば、庄右衛門は甲斐国巨摩郡飯富村（現・山梨県南巨摩郡中富町）の弟万蔵方に老母を預け、当時上今井村（山梨・巨摩両郡、いまの韮崎・山梨両市にあり、いずれかは特定できない）に借地して生活していた。親類・弟と熟談の上、老母「扶持米」が決められた。その内容は、酉年（翌年）から兄が「白米弐俵半并甲銀弐朱」を壱俵は盆前、壱俵半と甲銀弐朱は十二月二十日前に差し出すというものであった。他出して老母を弟に預けている兄が、母存命中は米と金銭を盆暮れ二回に分割して送ることが約束されたもので、隠居契約の小遣料が平均年三両（四十八朱）にくらべると十二分の一と少額であるが、米は二俵半（一俵四斗として一石）で、老母一人の扶養としては精一杯の配慮といえよう。

契約不履行と高齢者の対応

さて、隠居免を留保しておく場合には、少なくともそこからの生産物によって高齢者夫婦の世帯を維持することは可能である。しかし、金銭給付や現物給付にだけ頼った場合、子がその契約を履行しないときは生活が保持できない危険がある。そのとき親である高齢者はどうしたであろうか。

まず、子に対して契約の履行を迫る。一八五六（安政三）年上野国吾妻郡原町（現・群馬県吾妻町）の文書によれば、前之定右衛門（養子が定右衛門を襲名）こと山崎健八郎は、養子をむかえて隠居するに際して、借財は一切片付け、所持する「田畑・山林・屋敷・家具」を残らず譲り、「相応之家督」を貰い受けたほか、一ケ月に賄料として一分を貰うという「隠居料契約」を交わした。しかも「家附養親」として隠居家をもらっての別居生活であった。しかし、これまでの入金は二十両ほどで、五十両余が不足していた。ということは相続以来二十四年ほど経過したことになる。この年、隠居家が類焼し、これを新築しなければならず、やむなくこれまでの隠居料残金を請求するにいたった。とはいえ、この間に大方の田畑山林などの資産は養子によって売却され、手元不如意であった。結局、「田合九畝拾八歩、畑合五畝歩」の地所を「養育の備」として養子から返還させ、ほかに十両を助成させている。これらは「親類中立会」、つまり血縁関係者の加勢をえて、解決したものであろう。

ここでは親類が介入して解決したが、扶養契約が履行されずに村役人に訴え出た隠居もいた。一八一六（文化十三）年十月羽前国東村上郡久野本村（現・山形県天童市）の熟談書がある。これによれば、かつて隠居喜惣次は当主源三郎と交わした介抱金契約があったが、それが滞って困ったので、名主に嘆願書をもって訴え出たのである。しかし、取り扱いに六兵衛・孝十郎両人が入り、改めて隠居夫婦存命中は毎月「金弐分弐朱・米壱俵」を渡すことで、隠居と跡継ぎの双方が納得・和解する。その上で、かさねてこのような願い出はしないと、隠居・当主・取扱人両名が名主に誓約している。文書に「介抱金・米」とあるが、文字通り「介抱（扶養）」のための金と米であったが、月二分二朱と米一俵はこの種の扶養料としてはかなり高額といえよう。

同様に隠居した老母が、養子に迎えた後継者（名主・八郎右衛門）の取り扱いが悪いとして支配の役所に訴え出たものもある。一八五六（安政三）年九月相模国大住郡羽根村（現・神奈川県秦野市）の事例で、吟味中、扱人両人の立ち入りをえて、内済したときの済口証文がある。それによれば、さきに先代八郎右衛門・たか夫婦は隠居のとき六反歩の田畑を隠居養育料として受け取るが、先代八郎右衛門の死去後の一八五三（嘉永七）年十月に母たかと親類一同立ち会いで、たかの隠居に関する契約書が交わされる。そこには、たかの隠居免として三反五畝が作徳無年貢で渡され、さらに老年養育料として一反歩が添えられたほか、隠居免畑地に隠宅を建てることも約束されていた（別宅隠居）。今度の内済済口証文では嘉永七年の契約内容が再確認されたほか、さらに隠居の扶養が厚くなっている。

まず第一項で、年貢諸役銭等は養子負担で都合四反六畝歩が、たか養育料として遣わされるとある。また第三項で、たかの望みによって約束通り、隠宅は建てられたが、いまだ壁・戸障子等がないので、十二月中に完成させて住めるようにすることとある(ただし、畳はたかが調える)。新たに付け加えられた条項が二つ、一つは小遣料として年額三分が年三回に分けて(五月・七月盆前・十二月)、養子で名主の八郎右衛門から親類を経てたかに渡すこと、他はたかが大病のときは本家へ引き取って、養生のほか万事世話をすることである。たかの養子で名主相手の訴えは「全心得違之儀ニ付、先非後悔奉恐入候」とたかが詫びるかたちで示談成立にいたるが、たかの要求はすべて受け入れられている。隠居の心の安寧のためか、名主として家内のもめごとを支配役所に訴えられる不名誉を回避するためか、いずれにしても先の契約は厳格に履行される旨約束された上で、さらなる条項が付加されたのである。

むすびにかえて――現代への示唆

今日的問題に関連して、三つのことを指摘しておきたい。一つは家産譲渡(贈与)と扶養の関係であり、二つは当時の契約観念、三つは高齢者の住まい方についてである。

さきに、隠居免のほかに現物給付によるサービスがなされてくると、必然的に土地を留保するかわりに、相続と対価的関係に立つ扶養義務がとってかわり、しかも扶養義務の内容が定量化されてくることの例をみた。さらに用語として土地を留保する隠居免が、実は現物給付つまり現物・金銭による扶養にかわったことを越後国谷内村の例にみた。ここには家産を譲渡（贈与でもあり、同時に相続でもあった）するとき、当然のように扶養の取り決めをし、文書契約を交わした。このように家産の継承にともなう扶養義務の内容を文書で明示したのであり、これが一般的慣行として定着していた。むしろ現在の方が親子間で契約を交わすという慣行はみられず、贈与にともなう扶養の負担が暗黙の了解のもとになされ、したがって義務の履行が怠られる結果を招来しがちである（負担付贈与の解除事件については、一九七八年二月十七日最高裁判所判決参照）。この贈与にともなう扶養義務を明示してお互いに了解することを江戸から学ぶ必要がある（同時に、相続と対価的な扶養義務の観念ととらえれば今日にきわめて示唆的である）。

二つは、この契約を文書にしてその実現を確保するという観念が、江戸時代にかなり一般的に普及していたことである。とくに中期以降多数の用文章が出版され、それに各種の契約関係書式が載せられている事実はそのあらわれである。聟養子証文や隠居証文などにみられるように、たとえ親子・親戚の関係であっても契約の内容を文書にしてその実現につとめるという思考と慣行とが存在した。現在では親子間における契約を文書などにするのはむしろ「水臭い」として実行していないのに反して、当時は契約文書によってのちのち起きることが予想される紛争を未然に回避した。これが当時の庶民の長い間に培われた知恵で、まさに契約文書が紛争を予防するのであり、実際に紛争が起きたときには、これが同時に紛争の解決手段としても有効だった。

これらはいずれも血縁のある本家・親戚や地縁的関係者たる名主・立入人（証人など）が介入して、

この契約の実現に外圧として作用し、かつこれを担保するという傾向にあり、それはとりわけ紛争の解決にあたって顕著だったが、今日よりもむしろ予防法学的観念がすこぶる発達していたといえるのである。

三つは高齢者の住まい方である。本書でも宇佐美脩が「グループリビング」について述べているが、江戸時代の隠居は後継者家族と別居することを可とする意識が社会通念として定着していたのではあるまいか。武蔵国石井村の隠居は別居を求めて支配役所に駆け込み訴えをしている。立入人があって示談するが、そこでは隠居家を建てることが約束された。もちろん別に家を建てるということは相当な家産があってのこととはいえ、下野国の住居絵図帳にみられる隠居のほとんどは別宅隠居であったことを考え合わせると、嫁姑問題をはじめとする世代間紛争はお互いに常時見えない（監視しあわない）距離で生活することで回避したのであろう。別宅隠居という住まい方と、親子間でも契約を交わして扶養義務を明示的に規定し履行を確保しようとの観念は、ともに学びたい江戸の知恵である。

参考文献

本書の性格から、詳細な注や参考文献・資料の出拠等は、拙稿（一九九八年）に譲り掲げなかった。主なもののみ著書・論文の順に掲げた（アイウエオ順）。なお、坂戸市教育委員会架蔵林家・岡野家文書写しについては小林成子氏のご教示

月）

にあずかった。

利谷信義『家族の法　第二版』有斐閣、二〇〇五年四月
津田良樹『街道の民家史研究』芙蓉書房出版、一九九五年二月
森安彦『古文書が語る近世村人の一生』平凡社、一九九四年八月
大竹秀男「江戸時代の老人観と老後問題」（『老いの比較家族史』三省堂、一九九〇年八月）
高木侃「智養子縁組証文考—江戸の親子契約一斑—」（『ぐんま史料研究』第五号、一九九五年十一月）
高木侃「江戸の親子契約—老親扶養をめぐって—」（『月刊百科』第四〇六号、一九九六年八月）
高木侃「江戸時代の家族協定—『家族経営協定』推進にむけての意識改革のために—」（『関東短期大学紀要』第四三集、一九九八年十二月）
高木侃「居住空間にみる隠居の処遇—下野国住居絵図帳の事例紹介—」（『関東短期大学紀要』第四六集、二〇〇二年三月）

Ⅲ 遺言の話

――自分と家族の安心のために

木幡 文德

はじめに——今、なぜ高齢者にとって遺言か

本講は、「今高齢者問題について考える」というテーマの中で、遺言について検討してみることになりました。筆者自身も今年還暦を迎えますので、これを機に皆さんと共に遺言という事について考えてみたいと思います。皆さんは既に遺言とは何かということについてはご存知だろうと思いますし、何らかの経験するところをお持ちの方も少なくないのではないかと思います。例えば「保証人になるなというは、親の遺言」、あるいは、親が死に際に「これからは兄弟姉妹仲良く力を合わせて家業を守り立てていくように」などと言う言葉に示されるように、亡くなった人が、残った人々に対して守って欲しい事柄等を伝えることが遺言であるとお考えだろうと思います。また、「これこれの土地は、長男の太郎に、A銀行の預金は次男の次郎に、指輪・ネックレスなどの装飾品は長女花子に、財産分けするように」などと自分が死んだ後の財産の行方を指示しておくというのが遺言であるとイメージされる方も多いだろうと思います。ここに挙げた例は、一般的にはいずれも遺言といって差し支えはないと思いますが、「保証人」、「兄弟姉妹仲良く」の例と「財産分けの指示」の例では大きな違いがあります。というのは、前者の例では、言いつけに反して保証人になったり、兄弟仲良くしなかったりしても、言いつけに従わなかったこと自体で、つまり「遺言」に違反したということで、法的責任——特定の人からの一定の行為をすることの請求に応じなければならないこと、特定の人に損害賠償をしなければならないこ

と、国家からの刑罰に処せられること——を問われることはありません。しかし、後者の「財産分け」のケースでは、これに従わないで長男が財産全部を一人占めしたりすると、この兄弟姉妹の内の一人かられこれに従った財産分けをせよと要求されることがあり得るし、要求された場合にはこれに従わなければなりません。このように一般的には遺言と考えられていることでも、ちょっと難しい言葉ですが、「法的拘束力」のあるものとそうでないものとがあるということなのです。「法的拘束力」とは、裁判所(国家ということになります)が、最終的には強制執行をしてでも内容どおりに実現しなければならないと判断するに値するものであるということになります。そこで、これから検討しようというのは、主にこの法的拘束力をもつ遺言ということになることを初めにお断りしておかなければなりません。

さて、そこで、法的拘束力を持つ遺言の内容は様々なものがあるのですが、更に限定すると、筆者が皆さんと共に考えてみようと言うのは、相続つまり皆さんが死亡した後の財産の行方を決定する方法の一つとしての遺言が中心になります。実は遺言は相続についてのルールを定める最優先の方法なのです。つまり、遺言によって皆さん自身が相続のルール、誰にどの財産をどれだけ帰属させるかを決定することができるのです。

そこで改めてなぜ今皆さんに遺言について考えてみることを薦めるかということになりますが、

(1)自分の財産(私有財産)の行方は自分の死後であってもその処分・行方は自分の意思で決定するというのは或る意味で自然であろうということ。私有財産制を基礎とする資本主義社会では、自己決定の原則が支配する社会であるから、自己の財産の行方を自分で決定する事は必要でもあり、近年自己決定・自己責任という事が強調されているが、その考え方と一致するところでもある。

（2）相続のしかたには法定相続があるが、法定相続は、いわば平均的内容を持たせたものでその意味では抽象的で、個々具体的な人間としての被相続人・相続人の個別的事情を無視し、捨てているところもある。相続は具体的状況でおこることだから個々的な事情を反映させてなされるべきである。例えば、甲に子供A、B、Cがあった時に法定相続では相続分は等しくならなければならない（均分相続）とされるが、様々な事情を考慮して、Aに三分の二、残りをBに六分の一、Cに六分の一とした方がよいこともあろう。そしてその具体的事情を良く知っている被相続人が遺言によってその内容を決定する事が残された相続人の間での公平感を持たせ正義を維持することにも繋がる。

（3）多額の財産を有するものが、その財産の行方に死後も関心を持つことは、社会的責任でもあるといえようが、いわゆる庶民といわれる層に属する人々でも、そう多額とは言えないまでも、家一軒、預金、有価証券を持つことはそう珍しいことではなく、その額も多額とは言えないまでも遺族の生活を支えるには大きな意味を有する財産となることは大いに考えられるところである。そのような財産をめぐって近親者が争うというのは望むところではなかろうから、それを予防する意味でも遺言を作成しておくことが有効となる。ただ（2）に述べたように具体的事情に即して説得的内容でないとむしろ紛争を加熱させることにもなり兼ねないことには注意する必要がある。

（4）少子化に伴い相続人が存在しない場合が少なくない状況にある。相続人が存在しない場合には特別縁故者への財産分与手続を経た後、国庫帰属ということになるが、近時、相続人がいないことによって、国庫帰属となる財産の額は決して少額ではない。国庫帰属を望むのであれば格別、国に財産を帰属させるよりも自己の財産を帰属させたいと判断できる者がいる時は遺言によりその実現を図るべきであろう。

ということが、差し当たりは挙げうると思います。

そこで、次に相続の仕組みの概要を述べ、どのような遺言が認められているのか、そして、どのような場合に遺言が現実的に威力を発揮するのかをみていくことにしたいと思います。

わが国の相続制度

1　相続における二つの考え方――法定相続と遺言相続

相続についての基本的考え方として、非常に古い時代から二つの或る意味では対立する考え方がありました。一つは、相続については、国家があらかじめ定めておくルールに従ってなされるべきであるとするもので「法定相続主義」といわれるものであり、もう一つは、相続は、相続される財産の所有者（帰属主体）つまり死亡した被相続人（相続される人）が生前に決定していた意思に従って為されるべきものであるとする「遺言相続主義」です。そして、相続制度は長い歴史を持っているのですが、相続制度の歴史は、この二つの考え方の相争った歴史であるとも言えるのです。つまり法定相続主義の考え方は国家が国民に対してその政策として――国家の意思といってもよいのですが――、相続の方法を強制するものであり、それに対して、遺言相続主義は、国家の強制から個人の自由な意思決定を相続の面で主張するものであるからです。今日、どちらの考え方を原則として採用するかは、それぞれの国の歴史的事情によるところが多いのですが、一般的には、大陸法系に属する国々（ドイツ、フランスなどのヨーロッパ大陸に属する国の法律とその影響を受けた国々）は、法定相続主義を採用し、英米法系（イギリス、アメリカの法律及びその影響を受けた国々）は遺言相続主義に従っているといわれてはいます。もっとも、遺言相続主義を採用するとはいっても、遺言を残さないで死亡する人がいることは否定できませんから、その場合に備えて、国家は相続法を用意しなければなりません。ですから、どの国家に於いても、今日では、国家が定める方法による相続・法定相続と、死亡した人の生前の自由な意思決定による相続・遺言相続とが併存しているという事になります。問題はその先にありまして、この並立する制度が、互いに干渉しあうのか否か、干渉するとするとどのような形で、どの程度干渉することになるのかということです。というのは、遺言相続主義を採るといった場合でも、国家の定めた相続法は全面的に排除されて被相続人の意思に全面的に従わなければならないとされるのか、それとも相続の基本的な部分についてはたとえ遺言で決めていたとしてもその点は遺言者の意思が無視されて国家の定めるところに従わなければならないとされるのかということがありうるからです。この点で、世界の相続制度を見ますと、全面的に法定相続によるとするところも全面的に遺言相続主義によるとするところもないようでありまして、法定相続主義を採用するところでは、遺言相続で、つまり個人の意思でどの点が変更できるのかということが問題となるし、遺言相続主義を取るところでも、或る部分は国家の定めるところに従わなければならないとされ、言い換えればどの部分に個人の自由な意思決定による相続の決定に限界が設けられているのかが問題となることになっているからです。こうなりますと、遺言相続主義というも、法定相続主義というも相対的ないわば程度問題となるわけでありまして、各国の相続制度を見る場合には、この二つの考え方がどのように絡み合って存在しているのかということを知る事が肝要であり、極めて具体的なことをいえば、遺言で何ができて何ができないか、つまり制約がかけられているのかを検討することが実際的であるということになります。

2　わが国の相続制度と遺留分

わが国の相続制度も法定相続と遺言相続の二本立てとなっています。遺言がなされている場合には遺言に従うということですので、一応遺言相続主義を採用しているとも言えますが、法定相続のうち遺言のなされている部分については遺言に従うのだという風にも説明できますので、法定相続主義であるとも言えないこともありません。先にも述べましたようにどちらの主義であるのかということを探るよりは、わが国の相続法ではこの二主義がどのように絡み合っているのかを知る事がより現実的には重要です。その点でいえば、わが国の相続法では、法定相続つまり国家の相続政策からする遺言についてかなり重要な制約がなされています。それが遺留分（いりゅうぶん）の制度といわれるものです。遺留分というのは、国家の定める相続法上の法定相続人のうち一定の相続人については、一定の相続分を確保しなければならず、その部分を確保することなく遺言がなされた場合は、その部分が遺言によって帰属したと見られる者に対して、一定部分の確保をいわば保障された者（遺留分権者）はその部分の効果を否定して取り戻す権利、遺留分減殺請求権（いりゅうぶんげんさいせいきゅうけん）を行使することができるものとしてこの点で遺言を否定することとしているのです。言い換えれば、遺言者はいかに自分の財産であるとされているものであろうと、遺言で処分することに制限があるということになります。ただこのような遺留分を無視した遺言であってもその部分につき当然に無効とされるわけではなく、「減殺請求がなされた時」には遺留分を超えて相続財産あるいは相続財産に帰属すべきであった財産による利益を受けている者は減殺請求に応じなければならないとされている点には注意しなければなりません。つまり、減殺請求がなされない場合は、その遺言どおりの結果に落ち着くことも十分考えられるのです。さらに注意すべきは、民法はできるだけ早く相続関係が安定することを目的として、遺留分減殺請求権は、比較的短期間、つまり一年間の時効、相続が開始してから一〇年の経過で行使することができなくなるとしていますので遺留分を侵害していても遺言どおりの結果になることもすくなくないのです。

3　わが国の相続法の基本政策――相続による財産関係の清算と相続人の生活保障

それでは、わが国の相続法が相続制度を容認することによって実現しようとしていることは何なのかを改めて考えてみることにしたいと思います。わが国のような資本主義の国では、人が死亡してその財産の帰属主体がなくなってしまい、無主物が生じたのでは、取引上大変困ったことになるので、誰かがそのものの帰属主体となるように定めておくことが財産制度の維持の面からも重要なのですがその点は一応視野から省いておきます。

わが国の法定相続人と遺留分権利者は次頁の表の通りです。

この表からもわかるように、相続人には系列として配偶者相続人と血族相続人があり、一定の近親者が相続人とされており、更に遺留分権利者には法定相続人のうち、配偶者、子その代襲相続人、直系尊属のみが設定され、兄弟姉妹は排除されているところに特徴が見られます。そこで、このような人々に相続権を与え、また遺留分権をあたえていることから、相続法を通して国家は何を実現しようとしているのかを見ることができるのです。

(1) 相続による財産関係の清算

相続の対象になっている財産は、その形成を考えてみると、必ずしも死亡した個人の努力のみによって形成されたものではなく、家族員あるいは近親者の力が加わっていることも十分考えられるのです。このことは配偶者を例に取れば最も良く理解されます。配偶者は、実際に共働きで働いて財産的寄与をする場合もあり、この場合にも一方の名義で、そしてその多くは夫名義で蓄積されるということが少なくありません。その場合には、相続という形で清算する必要があるとされ、配偶者相続権が与えられて

相続分

組合せ	配偶者と子（代襲者）		配偶者と直系尊属		配偶者と兄弟姉妹（甥・姪）	
法定相続分	配偶者	①子（代襲者・再代襲者）	配偶者	②直系尊属	配偶者	③兄弟姉妹（代襲は甥・姪まで）
	$\frac{1}{2}$	$\frac{1}{2}$	$\frac{2}{3}$	$\frac{1}{3}$	$\frac{3}{4}$	$\frac{1}{4}$

※組合せの一方がない場合には，他方がすべてを相続する。

遺留分

相続人	配偶者と子		配偶者と直系尊属		配偶者のみ	子のみ	直系尊属のみ
遺留分	全体	$\frac{1}{2}$	全体	$\frac{1}{2}$	$\frac{1}{2}$	$\frac{1}{2}$	$\frac{1}{3}$
	配偶者	$\frac{1}{4}$	配偶者	$\frac{1}{3}$			
	子	$\frac{1}{4}$	直系尊属	$\frac{1}{6}$			

いることになります。このことは、子供について言える場合もありましょう。そして、この財産蓄積への協力を家族員の精神的協力をも含めて考えるならば、被相続人は家族があって、その情愛そして関係があればこそ人生をおくることができ、財産形成も可能であったと考えるならば、その協力分を相続として分配することが必要でもあるとも言えるのです。このように相続には相続財産に反映しているとみるべき協力それも家族員の情愛をも含む広い意味での協力を清算する機能があると見るのです。

（2）相続人の生活保障

　法定相続人は近親者ですから、相続人の財産であるとされる財産に依拠して生活してきた者であることも考えられます。現代の家族は核家族であるとされ、配偶者と未成熟の子からなっているのが典型的であるといわれています。このような家族では同一の財産に依拠して生活が維持されている事が通常でありましょうから、たとえその財産が被相続人の名義となっていたとしても、その者の死後も家族員に留保されてその生活を維持していくことが期待されます。今日では、国家においても私的自治、自己責任の社会であるとされるのですから、その意味からも家族員の生活基盤となってきた財産は家族員が引き継ぐとされることが支持されてよいことになります。これが子が相続人とされている根拠ともなります。また、代襲相続人として兄弟姉妹についてはその子までつまり甥・姪までとされていること、遺留分権利者から兄弟姉妹が排除されているのもこの必要性から説明されることになります。

もっとも、法定相続は前にも述べたとおり画一的に処理されるというところに大きな特徴があり、個別的事情を考慮してはいません。同じ子供であっても、小さな自立できない子供もあれば、既に成人して事業に成功し財を成している子供もいます。しかし法定相続ではこの両者は等しく子供であって区別はなされません。そこに遺言によって具体的事情を勘案した相続を実現することの必要性と現実的公平・正義も考えられるのです。しかし、この相続法に求められる二つの要請は、わが国の相続法が遺留分という制度を設けても、そのために多少の不都合が生じることがあったとしても維持されるべき基本的部分であると考えているのだと少なくとも現状では理解しておくべきであろうと思います。

ここで、筆者が、述べておきたいのは、法定相続のあり方として、国家の考えているところも十分理由のあるところなので、遺言によってこれを修正する場合も、でき得る限りその考え方を尊重し軋轢が生じない様にした方が良いのではないかということです。具体的には、遺留分を侵害することが明らかな遺言をする場合には、何故にそのような遺言がなされたのかが、関係者に十分納得が行くようにしておかないと、関係者の間に遺言という形で紛争を投げ込んでしまう事になりかねないからです。そのためには、遺言書とは別に遺言書に「付言事項」を付けるかあるいは遺言についての遺言者の考えを述べた文書を残すことも一案かも知れません。ただこの場合も、遺言の内容と付言事項あるいは説明文書の内容が食い違ったりするとかえって紛争を激化し兼ねませんので注意が必要です。

遺言の種類と作成方法

1　遺言の性質と遺言能力

遺言は、遺言者が死亡した後に効力が発生するものですから、遺言書には、正確に遺言者の意思が反映していることが必要になります。遺言者が死亡しているので、その意思を再確認することは不可能だからです。民法上は、通常の財産的取引をすることができるとされる能力、いわゆる行為能力は、成人つまり満二〇歳になって取得されるものとなっていますが、遺言は満一五歳になればできるものとされています。しかし実際には、遺言について考えるようになるのは、多くはかなり老齢に達してからが少なくないものと思われます。そこで、老齢になるが故に生ずる能力の減退ということからも改めて遺言作成時に遺言をする能力があったか否かが問題とされることも多いのです。次に掲げるように民法で認められている遺言には様々な方式があり、その作成に関わり必要とされる能力は、実際には若干異なってはいます。しかし、「遺言の意味を理解し、その結果がどうなるかを判断でき、それを何らかの形で表現できる能力」を持っていて、誰かの手を経ることはあっても、それが遺言者の真意として遺言書に表現されていることが必要となります。つまり、何らかの形で、つまり、喋ったり、書いたりしてこれを他人に伝えることができる能力がなければ、遺言はできないということになります。

2 各種の遺言（その特徴・その長所と短所）とその作成方法

民法には、普通方式の遺言と特別方式の遺言の二種類の遺言を定めていますが、このうち特別方式の遺言は、特別な状況にあって、公正証書遺言の要件を満たすことができない場合に、証人などの要件を一部緩和して遺言作成を認めたものと理解されます。自署ができる人については、特別な状況下でも自筆証書遺言の作成ができるものと考えられるからです。特別方式による遺言には、①死亡危急者、②伝染病隔離者、③在船者、④船舶遭難者、がありますが、ここでは主に普通方式の遺言について述べることにします。

(1) 自筆証書遺言

(1)意義――遺言者が遺言の本文、日付及び氏名を自分で書いて（自書という）、押印して作成する遺言を言う。順序だてすれば、

自分で全文作成・署名・押印↓被相続人の死亡↓自筆証書遺言の発見↓家裁への提出・検認の請求↓家裁の相続人の呼び出し・検認・開封（検認証明書）↓遺言に基づく不動産登記など財産処理

となる。

(2)長所と短所

①長所――（イ）遺言の存在、内容を秘匿しておくことができる。（ロ）遺言作成に費用がかからない。

②短所――（イ）方式不備で無効とされる可能性もある。（ロ）メリットでもある秘密性の保持によって遺言の発見がなされない場合もある。（ハ）他人による隠匿破棄・偽造・変造の危険性が大きい。

(3)自筆証書遺言の注意点

①自書――タイプライターによるもの、コピーによるもの、ワープロによるもの、点字によるものは自書には当たらない。

②自書能力――自筆証書遺言は、すべて自分の手で作成しなければならないから、病気や老齢化のため自分で遺言の全文を書くことができなくなってしまった人はこの方式によることはできない。つまり、この方式によるには、文字を知っていて理解しているという知力とこれを筆記するという肉体力の両方が必要だということになる。判例では、添え手をして書かれた遺言の有効性が争われたものがあり、添え手をした他人の意思が介入した形跡がないことが筆跡の上で判定できなければならないとしている。

③日付――遺言にとっては日付は重要である。遺言能力がその時期に存在したか否か、複数の遺言が

出てきた場合にいずれを有効とするかの判断のもととなるからである。従って日付は特定できるように記載されている必要があり、「五月吉日」などの記載は不適当である。日付は遺言書に記載される必要があるが、遺言書を入れた封筒などに記載された場合には、日付が記載されたものと遺言書が一体のものであると判断されなければ、日付のない遺言として無効となる

④押印——全文の真正さを担保する意味と、文書の完成を担保する意味があるものと理解されている。この意を示すものであれば、押印は指印でもよいとされている。

⑤遺言書の加除・訂正——他人による変造・改ざんを防止するために、遺言書に加除・訂正を行なうには、民法九六八条二項に定められた厳格な方式によるものとされていることに注意しなければならない。単なる誤記を訂正する場合を除き、書き換えたいところに二本線を引き書き換えた文言を書き添えるなどの方法によったものは無効である。

(4)コメント

自筆証書遺言は、自分で文字を理解し、書ける人にとっては、いつでも作成する事ができ、費用もかからず、遺言の存在、内容を秘密にする事もできて、大変簡易で便利な遺言であるといえます。しかし、民法は、遺言者の真意の確保という点から、大変厳格な作成方式を要求していますので、専門的知識を持たない人が自分では遺言を書いたつもりでも、この方式に従わなかったことで無効とされる事が必ずしも少なくないという事もあります。また、保管の面でも難しく、紛失、偽造・変造、破棄という危険もあります。

（2）公正証書遺言

⑴意義――公正証書遺言（こうせいしょうしょゆいごん）は、遺言者が、証人二人以上の立ち会いの下で、遺言の内容を公証人に口授（くじゅ）し、公証人が遺言者の口述を筆記し、公正証書の形で遺言書を作成する方式の遺言である。遺言に基づく財産処理をふくめてその順序は、

公証人が証人二人立ち会いの下で作成→被相続人の死亡→公正証書遺言の発見→遺言に基づく不動産登記などの財産処理

ということになる。

⑵長所と短所

①長所――（イ）専門家である公証人が関与するので、方式違反などで遺言の有効性が問題となることは少ない。（ロ）文字の書けないものも遺言書を作成する事ができる。（ハ）遺言書の原本は、公証人のいる公証役場で保管されるので紛失、変造・偽造の心配はない。（ニ）他の方式の遺言と異なり家裁の検認手続を必要とせず、遺言に基づいて財産処理ができる。銀行預金の払戻し・名義変更については、相続人全員の実印を要求されたり遺産分割協議書を要求されたりするが、公正証書遺言であればそれらを要求されることなく受遺者の印鑑と正本により可能である。

②短所――（イ）原則として公証人のいる公証役場まで出かけなければならないという煩わしさがある。（ロ）専門家に依頼するので費用がかかる。（ハ）証人・立会人の欠格事由とも関連して、二人以上の証人の確保が意外と難問である。（ニ）証人等から秘密がもれることがあり、遺言の存在と

内容が外部に明らかになることはある程度避けられない。

(3)公正証書遺言の注意点

①口授・口述——口授とは、遺言意思が真正であることを確保するために、遺言者が遺言の内容を公証人に対して直接口頭で伝えることをいう。さらに、公正証書遺言では、公証人が遺言者の口述を書き取った後遺言者に「読み聞かせ」をすることも要求していた。そのために、話すことができない者、耳の聞こえない者は、この方式による遺言から排除される結果となっていた。そこで平成一一年の改正により、「口のきけない者」については、通訳によるか自書することによって口述に代えることができるとし、「耳の聞こえない者」については、「閲覧」によることができるものとされた。

②口授の順序——口授は遺言者の真意を担保するために、手順についても

遺言者による遺言の内容の公証人への口述・自書→公証人による内容の筆記→読み聞かせ・閲覧→関係者の署名・押印

とされていた。ところで、厳格にはこの手順によらずに

遺言者あるいは関係者からの依頼により公証人が証書の作成→遺言者からの口授を受け、あらかじめ作成した証書とその内容の一致することの確認→読み聞かせ・閲覧→関係者の証人・署名・押印

あるいは

遺言者あるいは関係者からの依頼による公証人の証書作成↓遺言者への読み聞かせ・閲覧↓遺言者の承認=口授↓関係者の承認・署名・押印

というものが方式に違反するか否かが問題となる。これについて判例は、順序に変更があったとしても全体として方式を踏んでいれば遺言は有効であるとしている。しかし、遺言者が、「公証人の質問に対して言語で答えずに単に肯定又は否定の挙動を示したに過ぎないとき」や、「ただうなずくだけであったとき」は「口授」があったとは言えないとしている。

(4)コメント

公正証書遺言は、専門家が関与しているということでかなり信用性も高く、確実な遺言の方法であると思われます。近年、遺言の作成が普及するに連れ公正証書遺言も普及してきています。若干費用の負担と秘密の保持の点が難点といえば難点ですが、遺言としては最も優れた方式であるといえます。実際にもこの方式による遺言が最も多く行なわれています。

(3) 秘密証書遺言

(1)意義——秘密証書遺言は、遺言者が遺言の内容を秘密にしたままで遺言をし、ただ遺言の存在は明らかにしておきたいときに用いられる方式である。またこの方式では、証書に遺言者の署名・押印が必要とされるが、遺言の内容は、自筆証書遺言とは異なりワープロやタイプライターを用いてもよいし、他人に代筆してもらってもよいとされるので、文字の書けない者も遺言をすることができる。手続としては、この証書を遺言者が封じ証書に用いた印章で封印し、公証人一名および証人二名以上に提出して、自己の遺言書であること、「筆者」の氏名・住所を申述すること、遺言者・証人・公証人の署名・押印による。口がきけない者については、通訳による申述か封紙に自書して申述に代えることができる。遺言をめぐる手続は、

証書の作成↓署名・押印・封印↓公証人一名と証人二名以上に提出・申述・公証↓遺言の発見↓家裁への提出・検認の請求↓家裁の相続人の呼び出し・検認・開封（検認調書）↓遺言書に基づく不動産登記等の財産処理

ということになる。

⑵長所と短所

①長所――（イ）自書能力がない場合にも遺言書が作成できる。なお、秘密証書遺言として無効な場合も、自筆証書としての要件を満たしていれば自筆証書として有効である。（ロ）遺言の存在は明らかなので、遺言者の死亡後に遺言書が発見されなかったり、隠匿・破棄、変造・偽造の心配はない。（ハ）自分で遺言を書いた場合には内容を秘密にしておくことができる。

②短所――（イ）遺言の存在が明らかになり、他人が作成に関与したときは、秘密証書遺言の実を挙げることができず、外部にその内容が明らかになる。（ロ）加除・訂正には自筆証書の規定が準用されており、方式違反として無効になる可能性もある。（ハ）公証について若干費用を必要とする。（ニ）家裁の検認を必要とする。

⑶秘密証書遺言の注意点

①筆者の申述——ここに言う筆者とは、現実に筆記した者をいい筆記者のことであり、書かせた者を意味するのではない。

⑷コメント

秘密証書遺言はそれほど頻繁に行なわれる方式ではないが自書能力のない者も遺言ができることになるのでその点は有用性が高いといえます。しかし先に述べたように無効となる心配もある点が難点であり、他人が関与したときは秘密証書遺言といいながら秘密は守れないことになります。

おわりに——遺言の作成にあたって

これまで、わが国の遺言について、相続制度の中でどのような位置づけとなっているのかということと、主として普通方式の遺言について、その作成方法と特徴について述べてきました。そこで、この話を終えるに当たって、ごくごく簡単に具体的に遺言の作成に当たって考えるべきことをまとめておきたいと思います。

（1）まず最初に、遺言によって帰属させるべき財産を確定しておくことが必要です。どの財産が、遺言によるいわゆる遺贈の対象になるのかが明確でないと遺言そのものが無意味なものになってしまったり、争いの元となったりします。できれば、不動産についてであるならば、登記簿に示されているように、「所在」「地番」「家屋番号」「地目」などを明示して特定できるようにして置くことが必要になります。

（2）誰に対してどの程度のあるいは何を遺贈をしたいのかを明確にする必要があります。この場合には（イ）法定相続人として相続権を持っている人が配偶者を含めて同順位に複数いる場合に、その人たちの相続分を法定相続分より多くしたり少なくしたりすることつまり遺言者からみて実情に応じた調整を遺言によってしようとするのか、（ロ）相続順位で先順位の者より後順位の者に相続させたいと言う意図なのか、（ハ）法定相続人ではない人に遺贈をしようとするのか、ということを考える必要があります。これらは、遺言ですることができるし、遺言の目的はここにあるともいえます。特に（ハ）の場合は、遺言によって相続人を指定することはできないのですが、遺贈によって実質的には相続人を指定することもできるのだといえましょう。

（3）（2）に関連することですが、「遺留分」の存在には十分気をつける必要があります。先にも述べたように、遺留分減殺請求は必ずなされるものでもないし、短期消滅時効にかかるものですが、主張する側にとっては強力なものですので、紛争を激化させることになり兼ねないからです。遺留分権は、子とその代襲相続人、尊属、生存配偶者に与えられるもので、兄弟姉妹には与えられていないことに注意すべきです。言い換えれば兄弟姉妹が法定相続人となる場合には、遺言によって、遺言者が自己の遺産を兄弟姉妹以外の者にすべて帰属させるとしたとしても、兄弟姉妹には遺留分の主張はできないので、遺言どおりの結果となることになります。つまり、遺言によって、兄弟姉妹の相続権は実質的に奪われることもありうるのです。今日の相続関係の実情を

考えると、この兄弟姉妹の相続権及びそれに連なる甥姪の代襲相続は現実的には問題となること
が多いのではないかと考えています。

（4）遺言の方式については、それぞれの実情に応じてその特徴を十分に勘案して決定することが必要です。遺言を作成しても無効になっては元も子もありませんので、その方式を十分守ることが必要になります。その点では、公正証書遺言は専門家が関与するので有効性の点では最も安心できる方式であることは事実です。ただ、公正証書遺言であるから、その内容どおりの結果が確定的になるという意味ではないことにも注意する必要があります。例えば、遺留分の関係では、遺留分権者の権利を侵害する内容の公正証書遺言が作成されることもあります。この場合には減殺請求を受けるとそれに応じなければなりませんので、公正証書遺言といえども内容まで確定するといったものではないのです。もっともこの場合には、公証人から、遺留分の減殺請求を受ける可能性がある旨のアドバイスはあるものと思います。

（5）遺言をする動機については様々なものがあるかと思いますが、ここでは、老後の介護に対する謝礼あるいは報酬としての遺言の作成について触れておきたいと思います。高齢化社会を迎えて、老後の介護が大きな問題となっていますが相続制度は必ずしも老後の介護をした者が介護を受けた者の財産の相続権を得るという対応の仕方をしてはいません。老後の介護が重大事であるとするならば、これと対応させて遺言を活用することが介護を受ける立場からも重要な戦略となるものと考えられるからです。これについては、成年後見などの問題も絡んできますので本書のⅣで

も取り上げられると思いますので詳しい法律問題などはそちらに譲りたいと思います。

最後に皆さんに宿題を出して本講を終わりにします。次のような事例について皆さんはどのように考えられるでしょうか。

「甲男と乙女は婚姻をして一女丙を設けた。その後甲と乙は不仲となり離婚し、乙は丙と同居していた。甲・乙の離婚後四〇年を経過したが、離婚後一五年程は甲から丙への養育費が支払われていた他は、甲と乙、丙の間では取りたてて交流もなかった。甲には弟Aがいるが、甲とAの父親の死に際して親の財産はAが相続放棄をし甲がすべて相続していた。甲は乙との離婚後、再婚せず、親から受け継いだ財産を維持し、事業に邁進し相当の財産を残したが、晩年は病を得て、A及びその妻Bの介護を受けながら生活をしてきた。甲は、全財産をA及びBに半分ずつ遺贈する旨の公正証書遺言を残し死亡した。甲の死亡を聞きつけた丙は、本来自分が唯一の相続人であるとして相続財産の半分について遺留分があるとし減殺請求をしてきた。A・Bとしては、甲の面倒は自分たちが見てきたのだから、甲の遺言の通り、自分たちが財産を引き継ぐのが当然だと考えている。また、Aとしては親の財産の相続を放棄して、兄の財産にしておいたのだから、少なくとも親の財産についての自己の相続分は自分の権利として主張したいと考えている。」

Ⅳ　成年後見制度の光と影

――高齢者の財産はどのように保護されるか

家永　登

はじめに

本講では、判断力の衰えてきた高齢者の財産管理や処分について、民法は高齢者を保護するためにどのような制度を設けているかについてお話ししたい。話の中心は、二〇〇〇年四月に介護保険制度の施行と同時に導入された「成年後見制度」の説明になるが、その前提として、民法が私たちの財産管理や処分に対してどのような規制を加えているかについて簡単に説明しておこう。

1　民法と私たちの取引生活

民法は私たちの生活を規律するもっとも基本的な法律だが、その対象は財産法（取引法）と家族法の二つに分かれる。財産法は、銀行に預けてある預金を払い戻したり、賃貸アパートの家賃を支払ったり、日用品を購入して代金を支払ったり、時には自宅を売却したりなど、私たちの日々の生活における取引行為を対象とする。家族法は、婚姻、離婚、親子、親権、扶養、相続など、私たちの家族生活を対象としている。本講では高齢者の財産管理がテーマなので、財産法のことが中心になる。

2　権利能力

財産上の取引をめぐる法律関係において権利や義務の主人公になることのできる資格のことを「権

利能力」というが、わが民法にも、すべての人は生れた時から権利能力をもつと明記されている（三条一項）。したがって、生まれたばかりの赤ちゃんでも権利能力はあるから、例えば亡くなった親が残した財産を相続して、土地の所有権者となり、銀行預金払戻しの権利者となることもできる。しかし、赤ちゃんに権利能力があるといっても、赤ちゃん本人は自分自身でその権利を行使し、銀行に対して預金の払戻しを請求することはできない。

3　行為能力

権利能力は有しているけれど、年齢や精神の障害などのために実際には権利を行使できるだけの能力がない人たちの能力を補充して保護するために、民法は制限行為能力制度を設けている。他人の援助なしに自分ひとりで財産上の取引ができる資格・能力のことを民法では「行為能力」という。

民法は、単独で取引を行なうことを認めたのでは、下手な取引によってその人の財産が侵害されるおそれのある一定範囲の人々（未成年者と、かつての禁治産宣告や準禁治産宣告を受けた者。新しい成年後見制度については後述する）には、一定の取引行為について行為能力を認めていない（これらの人たちは「行為無能力者」とよばれていたが、成年後見制度の改正後は「制限行為能力者」とよばれる）。そして、行為能力を制限された人には、その人を援助する保護機関（かつての禁治産者の場合は後見人、改正後の成年被後見人の場合は成年後見人）を付けて、もし行為能力を制限された人が保護機関の援助（代理とか同意）なしに単独で取引を行なってしまった場合にはその取引行為の効力を取り消し

（五条二項、九条、一三条四項、一七条四項など）、払ってしまった代金などは取り戻すことができることにしている（七〇三、七〇四条）。このように、判断力が不十分な人の行為能力を制限し、それらの人に保護機関を付けることによって、民法は、その人の財産を保護しているのである。

古い民法では、妻（旧一四条）や聾者・唖者・盲者（耳口目の不自由な人、旧一一条）までもが行為能力を制限されていたが、その後は未成年者と禁治産者、準禁治産者だけが「行為無能力者」とされ、今回の「成年後見制度」導入によって、現在では制限行為能力者とされているのは、未成年者（二〇歳未満の者、五条）と、成年被後見人（七条）、被保佐人（一一条）、被補助人（一五条、一七条一項）、それに任意後見契約法による任意被後見人だけである。

4　意思能力

民法に規定されているのは「権利能力」と「行為能力」の二つだけだが、この他に学説や判例においては「意思能力」という概念も使われている。意思能力というのも、実はその人が単独で当該の取引を行なうことができる能力のことである。民法は「意思自治の原則」といって、取引を行なう本人の意思を重視するから、もしある人が何らかの取引を単独で行なったけれど、その人には当該取引の内容を理解し判断する力（これを意思能力という）がなかったという場合に、その人は、自分が行なった取引行為は意思ないし意思能力を欠くものだったから無効であると主張できる。しかし、意思能力が欠けている人にとって、単独で取引をして失敗するたびに、「取引をした当時、私には取引の内容を理解し判断する力はなかった」と証明することは困難なので、事前に家庭裁判所で意思能力がないと判断してもらっておくことによって、言い換えると家庭裁判所で意思能力＝行為能力がない制限行為能力者であるとのレッテル（かつての禁治産宣告、改正後の後見開始の審判など）を貼ってもらっておくことによって、個々の取引の際に判断力があったかなかったかをめぐるトラブルに巻き込まれることを回避するのが制限行為能力制度である。

本講のテーマである判断力が衰えた高齢者の財産管理、処分で問題になるのは、成年後見（「狭義の成年後見」）、保佐、補助、それに任意後見の四つだが、これらをあわせて、未成年者に対する後見との対比から「成年後見制度」（「広義の成年後見」）とよんでいる。今回の成年後見制度がどのような背景から制定され、その内容がどのようなものであり、どのように運用されており、どのような可能性と問題があるのかを検討したい。

成年後見制度改正の背景

1　従来の行為無能力者制度の問題点

新しい成年後見制度は民法の改正によって平成一二（二〇〇〇）年四月から施行されたが、それまでの民法が行為無能力者としていたのは、未成年者を除けば、禁治産者と準禁治産者である。禁治産者とは、「心神喪失の常況に在る者」として家庭裁判所で禁治産宣告を受けた者をいう（旧七条）。禁治産者には後見人がつけられ（旧八条）、禁治産者が単独で行なった行為はすべて取り消すことができた（旧九条）。準禁治産者とは、「心神耗弱者および浪費者」として家庭裁判所で準禁治産宣告を受けた者である（旧一一条）。準禁治産者には保佐人がつけられ、準禁治産者が不動産の処分や借財など重要な取引行為を行なうためには保佐人の同意を得なければならなかった（旧一二条）。

禁治産者、準禁治産者という従来の行為無能力者制度にはどのような問題があったのか、一般に指摘されているところを列挙してみよう。

①禁治産宣告や準禁治産宣告を受けると、戸籍にその者が禁治産者ないし準禁治産者である旨が記載されるため、「戸籍が汚れる」ことを嫌う人たちは、本人の財産を守るためには禁治産宣告・準禁治産宣告を受けたほうが望ましい場合でも、あまり利用しなかった。

②禁治産者については行為能力が全面的に否定されたが（旧九条）、なかには行為能力を全面的に否定する必要のない禁治産者もあった。

③禁治産者に配偶者がある場合には、必ず配偶者を後見人としなければならなかったが（旧八四〇条）、配偶者も高齢などで十分に本人の保護ができない場合もあるため、後見人に適任者を選任しにくかった。

④禁治産制度は、結局は禁治産者の「家産」を保護することによって「家」制度を維持するための制度であったから、保護機関として付される後見人、保佐人の任務も本人の財産保護が中心で、身上監護（身のまわりの世話）に対する配慮が手薄だった（ただし従来も、後見人は禁治産者の資力に応じてそ

の療養看護に努めなければならない旨の規定（旧八五八条）がなかったわけではないが）。

⑤浪費者に対しても準禁治産宣告が可能だったが（旧一一条）、理解力、判断力を有する浪費者に対してまで裁判所が介入してその者の行為能力を制限することは、市民生活に対する過剰な介入であるとの批判があった。[1]

⑥準禁治産者の保護機関である保佐人の権限が不十分であった。すなわち、保佐人の権限としては、旧一二条に列挙された事項に対する同意権しか規定されていなかったため、準禁治産者が単独で同条に列挙された事項を行なったとしても保佐人はこれを取り消すことができず（旧一二〇条の取消権者の中にも保佐人は列挙されていなかった）、本人の保護に欠けるとの批判があった。

⑦家庭裁判所での禁治産、準禁治産宣告手続においては、民事事件の精神鑑定の適任者が不足しており、刑事事件の精神鑑定に比べて判断が困難な場合もあり、本人の能力の有無に関する精神鑑定には数か月の時間と数十万円の費用がかかり、利用しにくかった。

2　新しい成年後見制度の理念

これに対して、新しい成年後見制度は以下のような理念にもとづいて制度設計されている。

①高齢者、障害者の福祉に配慮し、本人のニーズに応じた柔軟な制度を創設し、かつ弾力的な制度運用をはかる。

ア　従来の禁治産者、準禁治産者という二段階だけの硬直した行為無能力者制度を改め、禁治産者、準禁治産者にほぼ対応する成年後見、保佐のほかに、これらより軽度の判断力衰退者を対象とする「補助」という制度を新設し、三段階とした。

イ　保護機関に適任者を選任できるようにするため、配偶者を必ず後見人に選任するとした規定を廃止し、さらに、複数の成年後見人を付けたり、法人を成年後見人とすることも認めた。

ウ　保護機関である成年後見人、保佐人、補助人に対して、財産管理だけでなく本人の身上に配慮する義務も課すことにした。

エ　行為能力が制限されている旨を戸籍に記載することをやめ、新たに成年被後見人等であることを記載する「後見登記等ファイル」を設けた（民法改正とは別に《後見登記法》〔法律名は略称〕が制定された）。

オ　本人が公的施設に収容された身寄りのない者である場合を想定して、市町村長らにも成年後見等開始の審判申立権を認めた（《成年後見関係整備法》による）。

カ　成年後見開始の審判、保佐開始の審判における精神鑑定を簡易化し、補助開始の審判においては原則として鑑定を不要とし、医師の診察で代用できるものとした。

キ　行為能力が制限されている人のことを従来は「行為無能力者」とよんだが、「無能力」という言葉には否定的なニュアンスがあって望ましくないということで、改正法では「制限行為能力者」とよぶことにした（二〇条参照）。

②本人の自己決定権を尊重し、本人に残存している能力を活用し、ノーマライゼーション（障害者に

も通常生活が保障される社会の形成）をはかる。
ア　成年被後見人にも、日用品の購入など一定の行為能力を付与した。
イ　従来の準禁治産に代わる保佐の対象者から浪費者を削除し、浪費者一般ではなく、理解力、判断力に欠ける浪費者だけを保佐の対象とした。
ウ　親族らが補助開始の審判を申し立てる場合には本人の同意を必要とし、さらに、保佐人、補助人に代理権を付与する場合にも本人の同意を必要とした。
エ　本人が正常な判断力を有する時点で、本人自身と将来後見人となる予定者との間で、本人の判断力が衰えた場合にその生活や療養看護に関する事務を委託する契約（任意後見契約という）を結んでおくという任意後見制度を創設した（民法改正とは別に《任意後見契約法》が制定された）。
③最後に、介護保険制度の円滑な運用をはかることも成年後見制度導入の要因のひとつに挙げるべきだろう。成年後見制度は、介護保険の施行と時期を同じくして施行されたが、成年後見制度は介護保険制度の導入と連動している。介護保険制度について詳しく説明している余裕はないが、身のまわりの世話について介護を必要とする人を家族だけでなく社会全体で支えようとする制度である。それまでは、家族によって支えきれない要介護者に対しては行政上の措置として介護が提供されていたが、新しい介護保険制度のもとでの介護は、介護を必要とする者と介護サービスを提供する者との間で結ばれる介護サービス提供契約にもとづいて行なわれることになった。
しかし、介護サービスを必要とする者の判断力が欠けていたり不十分だった場合には、介護サービス

提供契約が結べなかったり、後に取り消されたりするおそれが出てくる。そのために、介護を必要とする者の判断力が欠けている場合に備えて、あらかじめそれらの者の能力を補充する制度が必要になったのである。もちろん従来からも禁治産、準禁治産宣告制度があったが、硬直的なために活用されていなかったことは前述のとおりで、そこで判断力に欠ける要介護者に代わって介護サービス提供契約を結ぶことのできる保護機関を要介護者に付けるためにも、使い勝手のよい柔軟な成年後見制度が必要になったのである。このことが、二〇〇〇年四月という時点で成年後見制度が施行された一番大きな理由かもしれない。

新しい成年後見制度の概要

成年後見制度は、民法にその内容があらかじめ規定されている法定後見（成年後見、保佐、補助の三類型）と、当事者がその内容を契約によって定めることのできる任意後見に分けられる（図1）。

1　法定後見

法定後見には、「後見」（狭義の成年後見）、「保佐」、それに新設された「補助」の三つの類型がある。それぞれについて、対象となる者、申立て権者、保護機関の職務や権限、とくに代理権や取消権の範囲、その他の特色などを簡単に説明しよう。

図１　成年後見制度の全体像

- 成年後見（広義の）
  - 法定後見（民法）
    - 成年後見
    - 保佐
      - 基本型（13①）
      - 同意権追加型（13②）
      - 代理権付与型（876の4）
    - 補助
      - 同意権型（17①）
      - 代理権型（876の9）
      - 代理権＋同意権型（15③）
  - 任意後見（任意後見契約法）
  - 後見登記ファイル（後見登記法）

①成年後見

ア　対象者　成年後見の対象となるのは、「精神上の障害により、事理を弁識する能力を欠く常況にある者」である（民法七条）。かつての禁治産者に対応する。立法担当者の解説では、「精神上の障害」としては、痴呆（認知症）、知的障害、精神障害等が例示されている。従来の禁治産者は「心神喪失の常況にある者」という定義だったが、家庭裁判所における実務で用いられてきた「事理弁識能力」という要件に改められ、その内実が若干例示されたのである。具体的にどのような人が対象になるかというと、日常の買い物もできない、家族の名前がわからない、自分の居場所がわからない、完全な植物状態にある場合などが想定されている。[2]

　事理弁識能力の有無の判断に当たっては原則として精神鑑定が必要だが、長期にわたって植物状態にあるなど事理弁識能力に欠ける常況にあることが明らかな場合には鑑定は不要とされる（家事審判規則二四条）。

イ　申立人　　ある人の判断力の衰えが右に述べた段階に至っており、その人の財産管理や身辺の世話について援助が必要だと考えられる場合には、一定の申立て権者が家庭裁判所に対して後見開始の審判を申し立てることができる。申立人としては、本人自身、配偶者、四親等内の親族、検察官、任意後見人、任意後見受任者などのほかに、本人が公的施設に収容されている場合などはその施設の責任者である市町村長も含まれることになった（成年後見関係整備法による精神保健福祉法五一条の一一の二、知的障害者福祉法二七条の三などの新設）。

ウ　後見開始の審判の手続　　後見開始の審判の申立てを受けた家庭裁判所は、申立てを受けた対象者が右の要件に該当すると認めた場合には後見開始の審判を行ない、対象者を「成年被後見人」とするとともに、保護機関である「成年後見人」を選任する（民法七条、八条、八四三条一項）。

エ　成年後見人の職務　　成年後見人の職務は、成年被後見人の生活・療養看護および財産の管理に関する事務を行なうことであるが、その際には本人の意思を尊重し、その心身の状態や生活の状況に配慮しなければならない（八五八条）。なお、この配慮義務は後述の保佐人（八七六条の五第一項）や補助人（八七六条の一〇第一項）にも課されている。成年被後見人は、日用品の購入など日常生活に関する法律行為に関してのみ行為能力を認められており、成年被後見人が単独で日用品を購入した場合には、たとえそれが無駄な買い物であっても成年後見人は取り消すことができない（九条）。被後見人の自己決定権の尊重のひとつである。それ以外の一切の法律行為は、成年後見人が被後見人に代わって行なうことになる（八五九条）。例えば現金の銀行への預け入れや払戻し、居住するアパートの賃料の支払いなどの財産管理、医療機関との診療契約、介護施設への入所契約などの療養看護に関する事務は、すべて本人の意思を尊重しながら成年後見人が本人を代理して行なうことになるが、成年被後見人が居住する不動産を処分しようとする場合には、家庭裁判所の許可が必要とされる（八五九条の三）。居住環境の変化が本人の精神面に与える影響を考慮した本人保護の規定である。[3]

成年後見人は一人でなく複数にすることも可能になった。例えば、成年被後見人の財産管理は弁護士や司法書士である成年後見人が担当し、生活や療養看護については社会福祉士である別の成年後見人が担当するなどといったように職務分担をすることも可能である（八四三条三項、八五九条の二第一項）。さらに今回の改正で法人も成年後見人になることができるようになった（八四三条四項）。右条文の規定は、例えば本人が入所している施設を運営する社会福祉法人などが成年後見人に選任される場合を想定して、家庭裁判所が注意すべき点を指摘している。

②保佐

ア　保佐の対象者、保佐開始の審判の申立人、審判手続　保佐の対象となるのは「精神上の障害により事理を弁識する能力が著しく不十分である者」である（一一条）。かつての準禁治産者に対応する。具体的には、日常の買い物程度は自分でできるが重要な財産行為には常に他人の援助を必要とする者、いわゆる「まだら呆け」の中でも重症の者などが例示されている。[4]

保佐開始の審判の申立人の範囲、家庭裁判所が保佐開始の審判を行なうに当たって原則として鑑定が必要なことは成年後見の場合と同じである（家事審判規則三〇条の二）。保佐開始の審判を受けた者を

「被保佐人」、これを保護する機関を「保佐人」とよび（一一条）、保佐開始の審判とともに家庭裁判所によって選任される（八七六条の二第一項）。保佐人も複数であったり、法人を選任することが認められている（八七六条の五第二項、八七六条の二第二項）。

イ　保佐人の職務　被保佐人は行為能力を全面的に否定されているわけではない。民法一三条に列挙されている、元本の受領、借財や保証、不動産その他の重要な財産に関する権利の得喪、訴訟、贈与や和解、相続の承認・放棄や遺産分割、家屋の新築・改築などの重要な法律行為についてだけ行為能力を制限されているにすぎない。これらの行為は被保佐人が単独で行なうことはできず、保佐人の同意が必要である。ただし、申立人らの請求があれば家庭裁判所はこれら以外の法律行為についても保佐人の同意を得なければならない旨の審判をすることができる（一三条二項）。被保佐人が保佐人の同意なしにこれらの行為を行なった場合には、保佐人はその行為を取り消すことができることも明文化された（一三条四項、一二〇条一項）。従来の準禁治産者の保佐人に関しては明文規定がないため解釈が分かれていたところであった。

もうひとつ従来の準禁治産者の保佐人と違う点は、改正法によって保佐人にも代理権を付与することが認められたことである。すなわち、保佐開始の審判の申立人らから請求があった場合に、家庭裁判所は特定の法律行為について保佐人に代理権を付与することができる（八七六条の四第一項）。ただし、本人以外の者の請求によって代理権を付与する場合には本人の同意が必要とされる（同条二項）。保佐人の職務を監督する保佐監督人が選任されうることになったのも新しい点である（八七六条の三第一項）。

保佐人が事務を行なうにつき、被保佐人の意思を尊重し、その心身の状態や生活の状況に配慮する義務を負うこと（八七六条の五第一項）、被保佐人の居住用不動産の処分には家庭裁判所の許可が必要なこと（八七六条の五第二項）なども成年後見人と同じである。

③補助

ア　補助の対象者、補助開始の審判の申立人、審判手続　もっとも軽度の判断力の衰えた者に対する法定後見が今回の改正で新設された「補助」である。補助の対象者は「精神上の障害により事理を弁識する能力が不十分である者」である（一五条）。具体的には、自己の財産を管理、処分するには援助を必要とする場合がある者、軽度のまだら呆けのある者が例示されている。[5]補助開始の審判に当たっては、本人の精神鑑定を行なうことは必ずしも必要なく、本人の精神状況に関する医師の診断結果その他適当な者の意見を聴取すれば足りるとされる（家事審判規則三〇条の九）。

補助開始の審判を申し立てることができる者は成年後見、保佐と同じである（一五条）。補助開始の審判の申立てが後見、保佐ともっとも異なるのは、本人以外の者が申し立てる場合には本人の同意を必要とする点である（一五条二項）。補助の対象者となる軽度のまだら呆けなどの者は判断力がまったくないわけではないから、本人の自己決定権を尊重しようという趣旨である。[6]

補助開始の審判を受けた者を「被補助人」、これを保護する機関を「補助人」とよび（一六条）、補助開始の審判とともに家庭裁判所によって選任される（八七六条の七第一項）。補助人も、複数、法人が認められている（八七六条の一〇第一項、八七六条の八第二項）。

イ　補助人の職務　補助人に選任された者は、申立人が請求した範囲内で家庭裁判所が定める特定の法律行為についてのみ、同意権と取消権が与えられる（一七条一項、同条四項）。その範囲は被保佐人と同じ重要な法律行為の一部に限られる（一七条一項但書）。なお、申立人の請求がある場合には、家庭裁判所は特定の法律行為について補助人に代理権を付与する審判をすることができる（八七六条の九第一項）。これも本人以外の者が請求する場合には本人の同意が必要である（同条二項）。補助人にも本人の意思を尊重し、その心身の状態および生活の状況に配慮する義務が課されている（八七六条の一〇）。

2　任意後見

成年後見制度の導入とともに、民法の特別法として任意後見契約法（正式な法律名は「任意後見契約に関する法律」）が制定された。これは民法に規定されている委任契約の特別な形態について規律するものである。すなわち、委任者は自分の判断力が衰えた場合に備えて、信頼できる受任者との間で、判断力が衰えた時点における委任者の生活、療養看護（具体的には介護契約や医療契約などが例示されている）および財産の管理（具体例としては預金の管理・払戻し、不動産などの処分、遺産分割などが例示されている）に関する事務の一部ないし全部について受任者に代理権を付与することを内容とする委任契約（任意後見契約）を締結しておくのである。[7]

従来からこのような契約を締結する人がいないわけではなかったようだが、受任者が事務を履行する時点では委任者に判断力がなくなっており、受任者の事務の履行を監督できないことから、問題が起こる可能性があった。そこで任意後見契約法は、任意後見契約には、家庭裁判所によって任意後見監督人が選任された時から契約の効力が生ずる旨の特約を必ず定めておき（任意後見契約法二条一号）、かつ公正証書を作成し（同法三条）、これを後述する後見登記等ファイルに登記しておかなければならないものとした（後見登記法五条）。そして、委任者の判断力が衰えた状態に至った場合、同法二条一号の文言では「精神上の障害により事理を弁識する能力が不十分な状況」とあるから、補助が必要な程度に至った場合には、本人、配偶者、四親等内の親族、任意後見受任者のいずれかから家庭裁判所に対して、任意後見監督人の選任の審判を申し立てる。そして、任意後見人の事務を監督する任意後見監督人が選任された時から任意後見契約の効力が発生し、任意後見受任者はその時点から任意後見人として契約内容に従って本人のために事務を履行することができることになるのである。

任意後見契約を締結した委任者や任意被後見人に対しても法定後見の申立てをすることは可能だが、本人の自己決定に基づく任意後見契約を優先させるべきであるとの理由から、法定後見の申立てが認められるのは「本人の利益のため特に必要があると認められる」場合に限られている（同法一〇条）。成年後見等の法定後見が開始した場合には任意後見契約は終了する（同条三項）。

3　後見登記

成年後見に関する民法改正に伴って、翌二〇〇一年に後見登記法（正式名称は「後見登記等に関する法律」）が制定された。従来は禁治産宣告を受けると禁治産者である旨が戸籍に記載されるために禁治産制度が利用しにくかったことを反省して、新しい制度では成年後見等が開始しても戸籍には記載せず、新たに指定法務局に備え付けられることになった「後見登記等ファイル」にその旨の記載がなされることになった（同法四条）。

取引の相手方に対して、自分が制限行為能力者でないことを証明する場合には、後見登記等ファイルに自分が制限行為能力者であることが「登記されていないことの証明書」の交付を法務局で受けることができ、これを取引の相手方に提出することによって、自分の行為能力を証明できるようになった。

成年後見制度の運用の実態

1　運用の実態

成年後見制度の運用の実態について、最初に統計の数字を見ておこう。表1〜表7の数字を見れば、大体の状況が分かると思う。判断力の衰えてきた高齢の親に対して、その財産を管理、処分するために、子から後見開始の審判が申し立てられ、六か月以内の審理期間で後見開始の審判がなされ、子自身が成年後見人に選任されるというのが数字から読み取ることのできる最大公約数的な運用実態といえる

表１　各申立の認容件数

申立総数	後見開始	保佐開始	補助開始	任意後見監督人選任
5,103 件	2,980 件	240 件	272 件	20 件（平成 13 年）
11,088 件	9,297 件	1,043 件	645 件	103 件

表２　申立人と本人の関係

子	38.7%
配偶者	15.7
兄弟姉妹	19.2
親	9.2
その他親族	12.0
本人	3.4
市町村長	0.5
法定代理人など	1.1

表３　申立の動機

財産管理・処分	63.2%
身上監護	16.7
遺産分割協議	11.3
訴訟手続	4.7
介護保険契約	2.2

表４　本人と保護機関（後見人等）との関係

子	32.6%
配偶者	14.2
兄弟姉妹	17.6
親	9.5
その他の親族	13.0
弁護士	7.7
知人	0.9
法人	0.5
その他の親族外	4.9

表５　審理期間

1 か月以内	5.9%
2 か月以内	13.9
3 か月以内	15.6
4 か月以内	15.3
5 か月以内	12.9
6 か月以内	10.2
6 か月以上	26.2

表６　鑑定期間

1 か月以内	39.4%
2 か月以内	38.8
3 か月以内	12.7
4 か月以内	4.5
5 か月以内	1.9
6 か月以内	1.1
6 か月以上	1.6

表７　鑑定費用

5 万円以下	30.0%
5 万円～ 10 万円以下	62.6
10 万円～ 15 万円以下	4.9
15 万円～ 20 万円以下	2.0
20 万円以上	0.5

※表１～７の出典は、最高裁判所事務総局家庭局「成年後見関係事件の概況／平成 13 年 4 月から 14 年 3 月」（最高裁判所 HP から引用）

であろう。鑑定には一か月から三か月の時間と一〇万円程度の費用がかかるようである。

これらの数字をどのように評価すべきか。確かに、成年後見等開始の審判申立ての件数は、かつての禁治産宣告や準禁治産宣告の申立て件数に比べて大幅に増加した。例えば改正直前の平成一一年を見ると、禁治産宣告が二九六三件、準禁治産宣告が六七一件であるから、それだけの需要が実は以前からもあったということだろう。従来は、判断力の不十分な高齢者の所有する不動産を売却して施設への入所費用を調達するとか、高齢者の預金を下ろして生活費にあてるという場合には、実際には配偶者や子どもたちが高齢者名義で処分したり、管理したりしていたと思われるが、改正後は、法的な手続を経て選任された成年後見人らによって適法に代理したり、同意したりする場合が増えたのであれば喜ばしいことである。

しかし、なかには高齢者の判断力が不十分なことを幸いに、その財産を自分たちの思い通りに管理、処分したいと思っている家族らが、合法的にこれを行なうための「お墨付き」を得ようとして、あるいは他の兄弟などより優位に立とうとして、いわば本人が生きているうちの「遺産争い」の前哨戦として成年後見等開始の審判が申し立てられたと思われる審判例や事例報告もみられる。ちょうど、最近の遺言が必ずしも遺言者の最終意思の表明ではなく、遺言者の生存中から始まる相続人による「遺産争い」の道具として利用されることがあるのと同じような状況である。

なかでも鑑定の簡易化による審理期間の短縮、費用の低廉化は、新しい成年後見制度を活性化させた一番重要な要素かもしれない。しかし、鑑定の簡易化、迅速化は、事理弁識能力の判断を誤らせるおそれもある。とくに財産管理能力の有無の判断は鑑定する精神科の医師にとってもそれほど簡単なことではないようである。[8] 家庭裁判所も事務の軽減のため鑑定結果に依存する傾向が強いといわれるだけに、鑑定に当たる医師は、本人の能力を正しく判断できる環境のもとで、それまで本人の診療に当たってきた主治医らの意見も聞いたうえで適切に判断することが要請される。

2　身上監護について

成年後見制度は、介護保険制度の導入に連動して制定されたが、施行後の現状を見ると、判断力が不十分な要介護者の場合でも、必ずしも成年後見人等の保護機関が付いているわけではなく、ほとんどの場合は家族などが本人に代わって事実上介護サービス提供契約を結んでしまっているようである。しかし、建て前としては、要介護者の事理弁識能力が不十分な場合には、後見開始等の審判を申し立てたうえで、選任された成年後見人らが本人を代理するなどして契約を結ばなければいけない。ちなみに、成年後見人らが行なうのはあくまで介護サービス提供契約の締結という法律上の事務であって、たとえ家族の誰かが選任された場合でも成年後見人が介護それ自体を行なうわけではない。介護それ自体は右の契約に従ってサービス提供業者らによって行なわれる。[9]

もうひとつは医療行為への同意の問題である。今回の成年後見制度は、判断力の不十分な者に対する手術などの医療行為（医的侵襲という）への同意については学説も分かれているので、成年後見人等の権限は及ばないと立法担当者は説明している。[10] しかし、医療契約を締結する権限はありながら、その契約に必然的に伴うことのある患者本人の身体に対する医的侵襲行為に関しては、たとえ本人に同意する能力が欠けている場合でも、後見人等は本人に代わって同意をする権限がないというのはおかしな話である。介護保険契約の締結と同様で、判断力の不十分な高齢者らに対する医的侵襲も現実には家族らの同意によって行なわれており、それで問題は起きていないから、あえて立法によって対処するまでもないということだったのだろうか。

学説の中には後見人等の保護機関に同意権を認める者もあるし、家庭裁判所の中には成年後見人に医療行為への同意権を与える運用を行なっているところもあるようだ。[11] そうなると今度は、高齢者への医療（とくに治療の中止など）をめぐって家族と成年後見人等の意見が分かれたという事例がやがて出てくるだろう。医療現場では「阿吽の呼吸」だとしても、司法の場に出てきたとき裁判所がどう判断するのか興味深いところである。身上監護への配慮ということを眼目のひとつに標榜しながら、高齢者にとっては切実なはずの医療同意の問題を置き去りにするあたり、新しい成年後見制度もやはり基本的には財産管理中心の制度なのだともいえよう。

3　財産管理について

判断力の不十分な高齢者の財産管理等に対する援助の制度が、成年後見制度の周辺にいくつかある。平成一一年に始まった「地域福祉権利擁護事業」がその代表的な例である。これは、認知症高齢者など判断力が不十分な者が、さまざまな福祉サービスを受けることができるように援助することを目的としている。当事者は、利用者（認知症高齢者などの本人又は成年後見人等）と都道府県社会福祉協議会で、利用者の家族が契約当事者になることはできない。利用者とともに作成した支援計画に基づいて、各人に必要な福祉サービス利用契約を締結する。具体的な契約内容としては、介護保険やボランティアによる福祉サービスの利用、公共料金・税金の支払い援助、預貯金の払戻し、通帳や印鑑の預かりなどとなっている。[12]

そのほかにも、民間ベースで、弁護士会、司法書士会、社会福祉士会などが支援制度を立ち上げている。[13]これらの支援活動が適切に機能すれば、判断力の不十分な高齢者の財産管理は現状に比べて格段に保護されることになるであろう。さまざまな支援制度の発展に期待したいが、成年後見制度も周辺の支援制度も、その成否は制度それ自体がどうこうではなく、結局は制度にふさわしい人材を得られるかどうか、受任者が本人のためにどこまで職務を遂行するかにかかっているように思われる。[14]

4　成年後見制度の理念は実現しているか

成年後見制度の発足から五年を迎えるのを機に、成年後見制度の現実を検証した雑誌の特集号がある。そこでは、①ノーマライゼーションは実現したか、②自己決定権の尊重は実現したか、③身上監護の重視は実現したか、の三点について検討を加えているが、これを読んで、全体として新しい成年後見制度の三つの基本理念の実現にはなお「道遠し」の感を強くさせられた。[15]

前述した鑑定の適正な運用や、医療同意権の不備などの指摘のほかにも、成年被後見人に対する選挙権制限などの具体例、本人自身からの成年後見開始の申立てに対して、何の調査もなしに取り下げを要求するという、本人の自己決定権を無視した家庭裁判所の対応例、任意後見制度の目に余る濫用——具体的には任意後見監督人の選任以前から受任者である息子が、本人の居住用と称して自分のためにマンションを購入するなど本人の財産を食い物にした例、任意後見契約において任意後見人の報酬として法外な額を定めて、何の身上監護も行なわないでいながら報酬だけは本人の預金から引き出していた例、補助や保佐のように本人の能力がある程度残っている場合に、本人の自己決定を尊重するという建て前と本人を保護するという補助人らの義務との兼ね合いの困難さなど、成年後見制度の病理現象的な実例がいくつも紹介されている。

5　成年後見をめぐる審判例

すでに新しい成年後見制度のもとでの紛争に対する家庭裁判所の審判例が出始めているので、いくつか見ておこう。

①東京高裁平成一六年一〇月二六日決定（判例時報一七三二号八六頁）は、成年後見開始の審判の申立人（成年被後見人の親族）が、成年後見開始の審判に付随して成年後見人に選任された者（弁護士）が被後見人の介護に関する事務をも担当することを不満として、成年後見人選任部分のみの取消しを求めた事案において、成年後見人選任部分のみの取消しを求めて即時抗告することはできないとした事例である。成年後見人に選任された者と成年被後見人の家族との間に対立が伏在していることが見てとれ

るだろう。

②札幌高裁平成一二年一二月二五日決定（家裁月報五三巻八号七四頁）は、老人性認知症の初期症状のある本人と妹との間で任意後見契約が締結、登記されたのに対して、本人の長女が補助開始の審判を申し立てた事案において、補助開始に対する本人の同意がないこと、および任意後見契約法一〇条一項にいう「本人の利益のために特に必要があると認める」べき事情はないとして、長女からの申立てを退けた。この事件の背景には任意後見人に選任された家族と他の家族との間に対立が存在しており、それが補助開始審判の申立ての動機となったように見られる。

③東京家裁平成一四年五月一四日審判（家裁月報五五巻一号一〇八頁）は、東京都江戸川区長が成年後見開始の審判を申し立てた事案であるが、手続費用として、鑑定費用一〇万円、登記印紙代金四〇〇〇円、郵便切手三二〇〇円、申立て手数料六〇〇円を本人の財産から支出することが認められた。これは今回の改正法の眼目のひとつである、公的施設に収容されていて家族らの援助を受けられない者について、市町村長のイニシアティブによって成年後見が開始され、高齢者の財産管理が可能になった好例といえるだろう。鑑定費用の低廉化がわかる例でもある。

今後の課題

繰り返しになるが、新しい成年後見制度には功罪両面がある。事理弁識能力の有無をめぐって高額の費用と時間を要する鑑定を待つ必要はなくなり、戸籍に記載されることもなくなった。しかし、鑑定手続の簡易化によって、本人の保護ではなく自分の利益のために申立てをした家族らの申立てが容易に認められる可能性も増えた。本人の生前から始まる家族間の遺産争いに利用される危険もある。成年後見制度の成否は、結局は、家族らが本当に高齢者本人の利益のためにこの制度を利用するかどうか、そして成年後見人らに適任の人材が得られるかどうかにかかっている。

そして、それは、どうも判断力が不十分になる以前の本人と家族との人間関係によってすでに決まってしまっているようにも思える。争いの起こる家族では、任意後見契約を結ぼうが、成年後見制度を利用しようが、遺言を書こうが、やがて紛争は起きる。自戒をこめて、本講を終わりたい。

注

（1）小林昭彦ほか編著『新成年後見制度の解説』（きんざい、二〇〇〇年。以下では小林ほか編『解説』として引用）七五頁注を参照。

（2）小林ほか編『解説』一〇三～四頁。

（3）小林ほか編『解説』一四九頁参照。

（4）、（5）小林ほか編『解説』一〇三頁。

（6）小林ほか編『解説』五〇頁。

（7）小林ほか編『解説』二三九頁。

（8）前田泰「成年後見制度と能力判定」新井誠・西山詮編『成年後見と意思能力』（日本評論社、二〇〇二年）所収二四頁以下参照。

（9）河上正二『民法学入門／民法総則講義・序論』（日本評論社、二〇〇四年）二三六頁参照。

（10）小林ほか編『解説』一四五頁注三参照。

（11）前者として上山泰「成年後見制度の現在／医療行為についての同意」『法学セミナー』五七五号（二〇〇二年一一月）五四頁以下。後者は赤沼康弘「成年後見と医療行為の同意」『実践成年後見』一二号七六頁に紹介されている千葉家庭裁判所の例。さらに『実践成年後見』一六号（二〇〇六年一月）所収の諸論考を参照。

（12）厚生労働省「地域福祉権利擁護事業について」厚生労働省のホームページによる。その他、田山輝明「成年後見制度と関連制度」『法学セミナー』五六〇号（二〇〇一年八月号）一九頁、二宮周平『家族法［第二版］』（新世社、二〇〇五年）二四一頁などを参照。

（13）『法学セミナー』五七五号（二〇〇二年一一月号）三七頁以下の「特集／成年後見制度の現在」所収の諸論考を参照。

（14）例えば、酒井寿夫『成年後見と訴訟――高齢者の被害救済と成年後見人の実務』（民事法研究会、二〇〇三年）に見る悪徳業者に立ち向かった司法書士の献身的な活躍など。

（15）「特別特集／成年後見制度を検証する」『実践成年後見』一二号（二〇〇五年一月）所収の諸論考、とくに中村順子「任意後見制度の濫用について考える」、中尾哲郎「補助制度の活用は図られたか」、加藤正泰「自己決定権の尊重と本人保護・安全の狭間」その他に紹介された事例を参照。

V　年金・医療・福祉

——高齢者の老後を支えるもの

小島　晴洋

人口の高齢化

1　はじめに

平均寿命の伸長と少子化によって、日本の人口が急速に高齢化しつつあることはご承知の通りです。六五歳以上人口の割合（高齢化率）は、二〇〇〇年で17・3％ですが、二〇五〇年には35・7％となり、全人口の三分の一以上が高齢者となることが予測されています（図表1）。

人口の高齢化をみる場合、マクロとミクロの両方の観点からみることが重要です。マクロの観点、すなわち人口構造を全体として大きくみた場合には、高齢者を経済的に扶養するという、高齢化社会における「給付と負担」の側面が明らかになってきます。これに対して、ミクロの観点、すなわち身近な地域の実情をみていった場合には、地域で高齢者の生活を支えるという、福祉の側面が明らかになってきます。

2　マクロの側面――給付と負担

国民経済を人口の側面からみると、現役世代の人々が生産活動を行い、それによって子どもや高齢者を含め国民全体を扶養するという構造になっています。つまり、高齢者は基本的には現役世代によって扶養されているということになりますので、高齢者世代の人口（扶養される側）と現役世代の人口（扶

図表 1　我が国の人口構造の推移

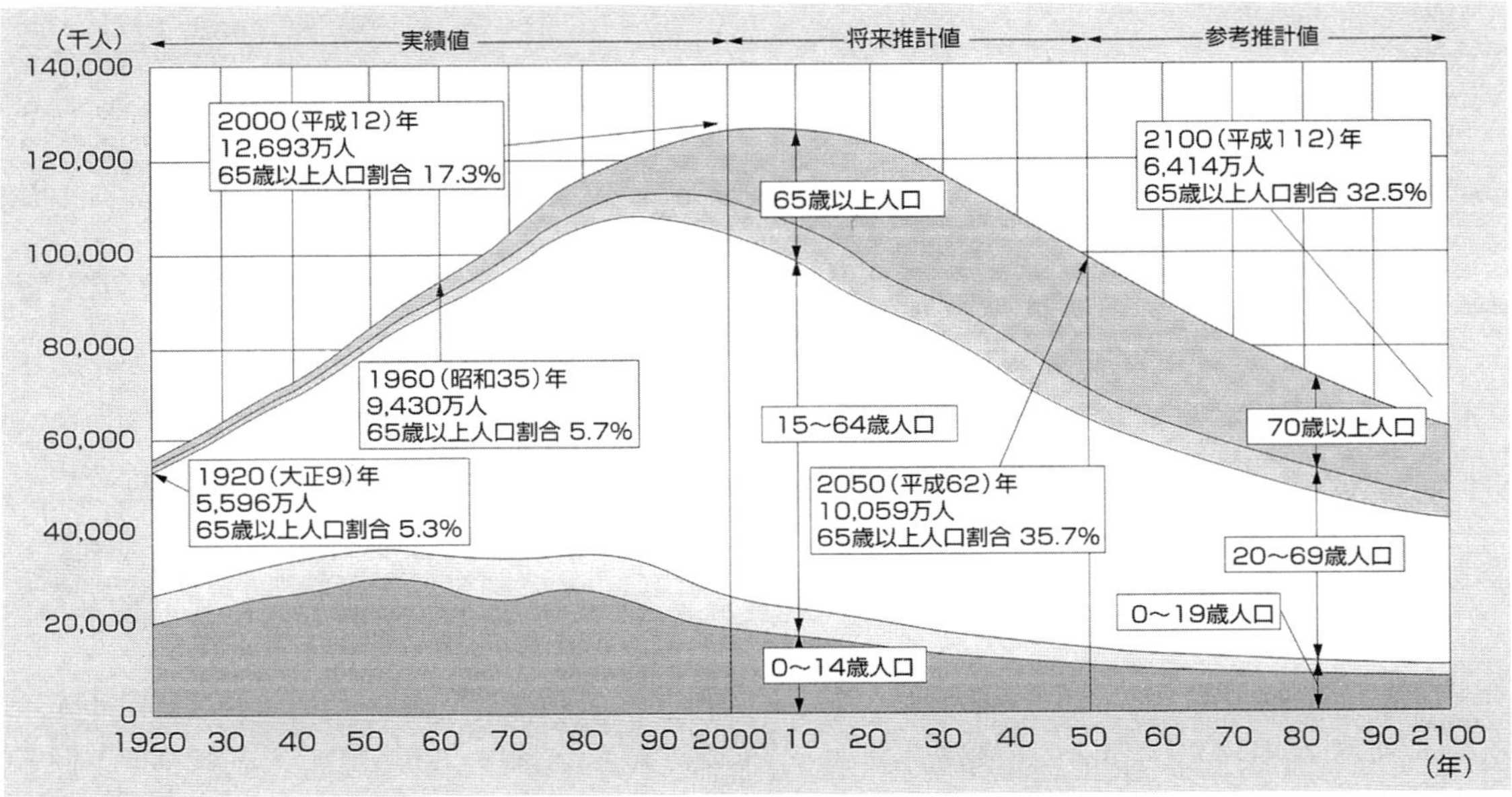

出典：内閣府『高齢社会白書（平成 14 年版）』68 頁。

養する側）との比率が重要であることになります。

図表1からこれをみると、一九六〇年には現役世代（一五〜六四歳）の人口比率が64・1％でしたから、5・7対64・1、すなわち約一一人の現役世代で一人の高齢者を支えていたことになります。二〇〇〇年には17・3対68・1、約四人の現役世代に対して一人の高齢者です。これに対して、二〇五〇年には、35・7対53・6となり、現役世代一・五人で一人の高齢者を支えなければならなくなります。平均寿命が延び、皆が長生きできるというのは本来喜ばしいことですが、それにもかかわらず人口の高齢化が「社会的な問題」とされるのはこのためです。

現在の社会保障制度も、年金などに典型的にみられるように、基本的に現役世代が高齢者世代を支えるという構造になっています。高齢者の生活を支える「給付」を行うことはもちろん必要ですが、それに対する現役世代の「負担」も限りなく行えるものではありません。この「給付と負担」の問題は、年金や医療などの現在の社会保障において、もっとも基本的な問題となっています。

3　ミクロの側面——地域による違い

人口の高齢化は日本全国均一に進行しているわけではありません。図表2は、都道府県別の高齢化率を、一九七五年・二〇〇〇年・二〇二五年で色分けしたものです。一見して大きな違いがあることをみることができます。二〇〇〇年でもっとも高齢化が進んでいるのは島根県で24・8％、逆にもっとも人口構成が若いのは埼玉県で、高齢化率は12・8％です。二〇二五年には、もっとも高齢化が進んでいる

図表2　都道府県別高齢化率の推移

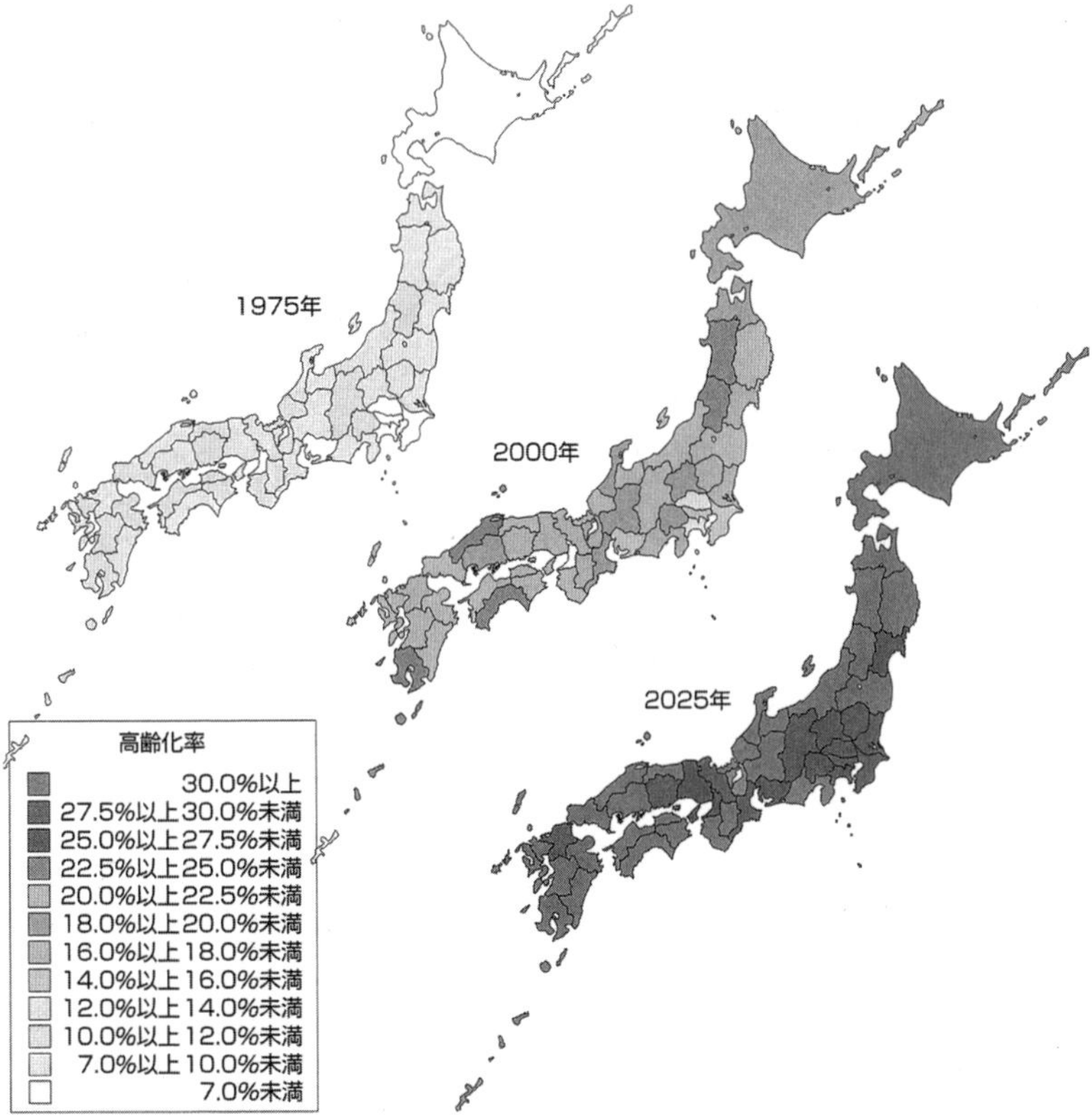

出典：内閣府『高齢社会白書（平成14年版）』69頁。

のは秋田県（35・4％）なのに対して、もっとも若いのは沖縄県（24・0％）になると予想されています。

より細かく、市町村別でみると、高齢化率の格差はもっと顕著になります。二〇〇〇年でもっとも高齢化している市町村は山口県東和町で、人口の50・0％、つまり半分が六五歳以上の高齢者です。これに対してもっとも若い市町村は、千葉県浦安市（高齢化率7・3％）です。両者の格差は、ほとんど七対一です。

このような格差は、人口の移動によって生じます。若者が流出すると高齢化率が上昇するのに対して、浦安市のようなところでは、大規模なニュータウンが開発されて若いファミリーが流入してきます。その結果、高齢化率が下がるのです。

このような大きな違いがあるために、地域で実際に高齢者の生活を支える福祉施策は、市町村のレベルで地域の実情にあわせて組み立てていく必要があります。高齢者福祉の主柱となる制度として、二〇〇〇年から介護保険制度が実施されていますが、その中で市町村が保険者として中心的な役割を担うこととされているのはそのためです。

年金

1　公的年金制度の体系

日本の年金制度は、サラリーマンや公務員などの被用者を対象とする制度から発展してきましたが、一九六一年に国民年金制度が実施され、農家や自営業者なども公的年金に加入できる「国民皆年金」が実現しました。その後、一九八五年の大改革によって、被用者も自営業者も主婦も、かならず一階部分としての国民年金に加入して基礎年金を受給するという、現在の体系が誕生しています。

国会審議などを通じてよく知られるようになりましたが、民間サラリーマンや公務員などは厚生年金保険制度や共済年金制度に加入すると同時に、国民年金には第二号被保険者として加入します。受給する場合には、基礎年金のほかに、二階部分の厚生年金や共済年金を受給することができます。第二号被保険者に扶養される配偶者（専業主婦など）は、国民年金の第三号被保険者になります。それ以外の者は、国民年金の第一号被保険者です。農家や自営業者のほか、無職の者や学生も含まれます（図表3）。

これらの公的年金に上乗せされるものとして、いわゆる「企業年金」があります。「企業年金」というのは通称で、きちんとした定義があるものではありませんが、従来から代表的な企業年金制度としては、厚生年金基金と適格退職年金が挙げられてきました。それに加えて、二〇〇一年からは確定拠出年金制度、二〇〇二年からは確定給付企業年金制度が開始されています。適格退職年金は一九六二年に創設されて広く普及していましたが、二〇一二年三月限りで廃止され、それまでに他の各制度に移行するものとされています。

図表 3　年金制度の体系（平成 16 年 3 月末現在）

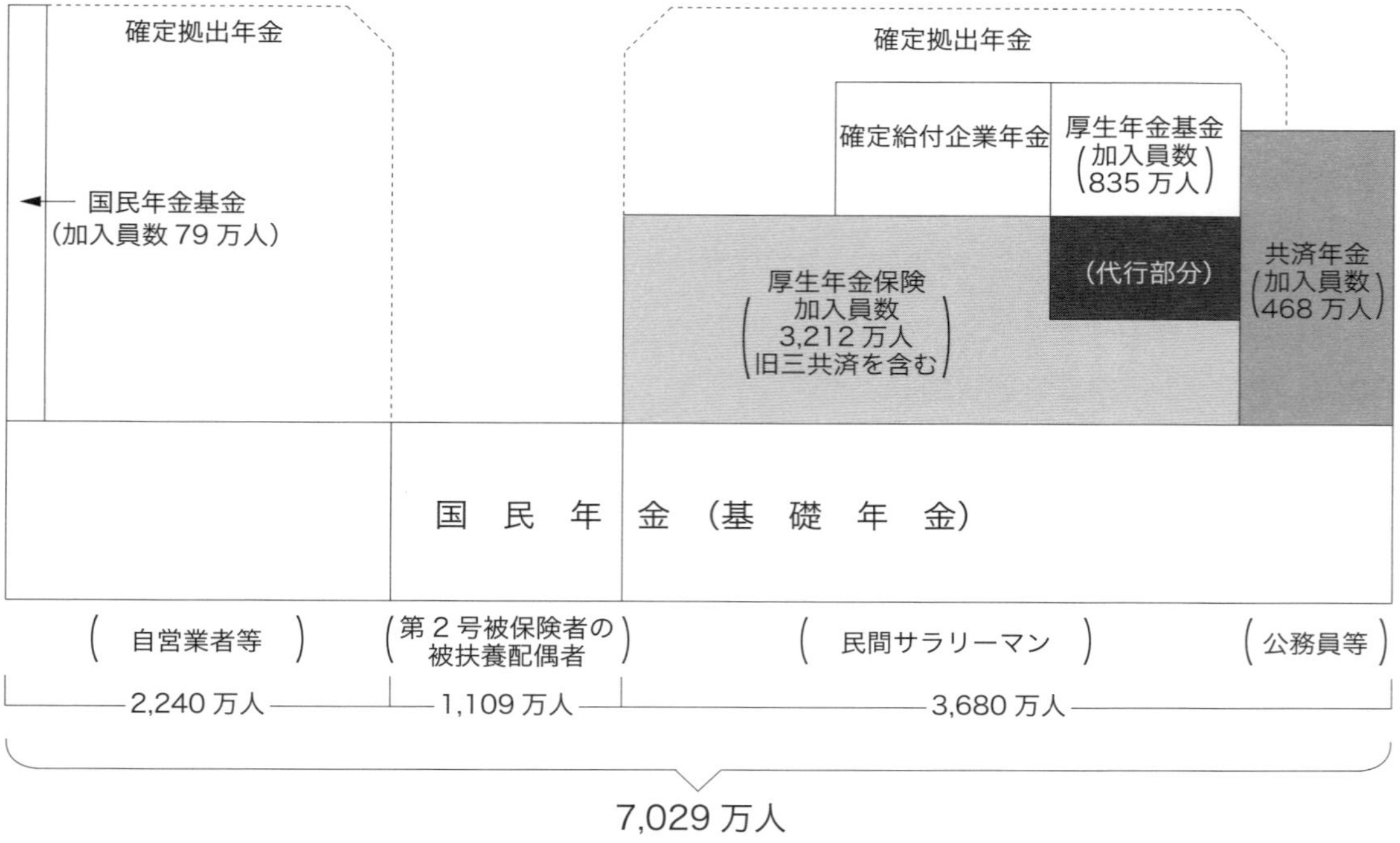

出典：厚生労働省『厚生労働白書（平成 17 年版）』529 頁。

2　年金制度の課題とこれまでの対応

①　給付水準と負担水準

高齢化のマクロの側面でみたとおり、二〇五〇年には現役世代一・五人で高齢者一人を支える構造となりますが、これは年金の財政に直接影響します。制度を安定的に維持するためには、長期的に給付水準を抑制し、一方で負担を引き上げていくことが不可欠ですが、いずれにしても一定の限界があります。両者のバランスをどう取っていくかが課題です。

これについては、過去の改正（一九九四年と二〇〇〇年）で、厚生年金の支給開始年齢の引上げを行ってきました。つまり、六〇歳から六五歳までの間に支給されていた「特別支給の老齢厚生年金」について、二〇〇一年度から支給開始年齢を段階的に引き上げ、二〇二五年度からは原則として廃止することとされました（男性の場合。女性は五年遅れ）。それ以降は、原則通り、六五歳から支給される老齢厚生年金だけになったわけです。

また、二〇〇〇年の改正では、計算上の支給乗率を引き下げることも行われました（0・75％→0・715％）。一方、保険料の引上げは、経済情勢に配慮して見送られてきました。

②　制度の一元化

年金制度が職域ごとに分立していると、その職域内の人口構造の変化が直接に財政に影響を及ぼしてしまいます。産業構造の変化や合理化によって現役従業員が少なくなった職域では、多くの退職者を、少ない現役従業員で支えなければならないからです。このような事態は、年金制度が分立している限り避けられません。一元化が必要な根本的な原因は、ここにあります。

日本でも、年金制度が各職域ごとに作り上げられてきたという歴史から、このような事態が生じています。そこで、これまで、段階的に一元化が進められてきました。まず、一九九七年からは日本鉄道共済、日本電信電話共済、日本たばこ産業共済の三つの共済年金制度が厚生年金に統合されました。また、二〇〇二年からは農林漁業団体職員共済も厚生年金に統合されました。

現在は、残る三つの共済（国家公務員、地方公務員、私立学校教職員）と厚生年金の統合が当面の課題です。ただし、完全な年金の一元化というためには、被用者のみならず自営業者や主婦なども含めて、全国民に共通な「統一された制度」も視野に入れて議論する必要がありそうです。

③ 専業主婦などの年金

専業主婦などの国民年金の第三号被保険者は、自らは保険料を納めませんが、六五歳になれば老齢基礎年金を受給することができます。これに対して、働いて自ら第二号被保険者として保険料を負担している女性の立場などから、不公平感が指摘されています。また、年末近くになるとパート主婦たちが就労調整を行い、結果として女性の就労を阻害するとの指摘もあります。逆に専業主婦が離婚した場合には、夫の遺族年金を期待できなくなり、「内助の功」が評価されていないとの批判もあります。

これに対しては、女性の年金権を確保するためには第三者被保険者制度も必要だとの意見や、諸外国の年金制度でも主婦を優遇する制度は一般的だとの意見もあります。もともと、第三号被保険者制度自体、専業主婦の年金権を確保するために、一九八五年の改正によって導入されたという経緯があります。

政府は二〇〇三年に、有識者による「女性と年金検討会」を開催して、この問題を検討しました。しかし、国民のコンセンサスを得ることは容易でなく、本格的な対応は見送られてきています。

④　基礎年金の財源

国民年金の第一号被保険者には、制度への未加入や保険料の未納者が増加しており、「空洞化」といわれることがあります。この問題を放置することは、これらの者の将来の生活保障の問題（将来、無年金者になる）を引き起こすのみならず、公的年金制度自体への不信を増幅させることにもなります。

これについては、社会保険庁で、基礎年金番号の導入、周知・広報の徹底、強制徴収の実施などの取り組みを行っていますが、あまり効果が上がっていません。二〇〇〇年の改正では、学生納付特例制度を導入しました。また、基礎年金の財源について、国庫負担率を三分の一から二分の一に引き上げる方向を示しました。

3　二〇〇四年の年金改正

二〇〇四年には、年金制度の大規模な改正が行われました。その要点だけを簡単に紹介しましょう。

①　保険料の引上げ

保険料引上げのスケジュールを法律で定めています。

すなわち、国民年金（第一号被保険者分）は、月額一三三〇〇円を、二〇〇五年から毎年二八〇円ずつ引き上げ、二〇一七年度以降は一六九〇〇円とすることとされました（いずれも二〇〇四年度価格）。厚生年金は、13・58％（労使折半）を、二〇〇四年一〇月から毎年0・354％ずつ引き上げ、二〇一七年度以降は18・3％とすることとされました。

② 給付の抑制

給付は、この保険料の範囲内で支給できるように抑制することとされ、そのために、「マクロ経済スライド」という仕組みが導入されました。これは、賃金や物価上昇に伴う年金額のアップを、「スライド調整率」（＝被保険者の減少率＋平均余命の伸び）を用いて抑制しようというものです。

③ 離婚時の年金分割

専業主婦など第三号被保険者の年金に関して、婚姻継続中の期間に対応する夫（第二号被保険者）の厚生年金を、離婚時に分割して二分の一を妻（第三号被保険者）のものとする仕組みなどが導入されることとなりました（二〇〇八年から）。

④ 国庫負担割合の引上げ

基礎年金の国庫負担割合（三分の一）を、二〇〇四年度から二〇〇九年度にかけて段階的に二分の一に引き上げることを決めました。

⑤ 国民年金保険料徴収対策

保険料免除を、現行の二段階から四段階へ拡大して、低所得者が保険料を納めやすくすることとしました（二〇〇六年から）。保険料の納付実績や給付見込額をポイント化して、定期的に被保険者に通知する仕組みを導入することとしました（二〇〇八年から）。

政府は二〇〇四年の改正を「抜本改革」としていますが、なお課題は残されています。

4　残された課題

①　制度の一元化

二〇〇四年改正は、制度体系には手をつけず、一元化問題は先送りしています。当面の課題は三共済制度と厚生年金の統合であり、政府もその方針ですが、野党（民主党）は、自営業者や主婦なども含めた、全国民対象の一元化を主張しています。

この問題は、時間をかけて、国民のコンセンサスを形成することが何よりも重要です。過去において段階的に実現してきた一元化を、「破綻した制度を救済したに過ぎない」と消極的に評価する意見もありますが、もともと社会保障たる年金は、「能力に応じて拠出し、必要に応じて給付を受ける」という性質のものですから、損得で考えるべきではありません。

技術的にみれば、「被用者グループ」と「それ以外」で別々の制度としたほうが容易です。しかし、全国民を対象として一本の制度を作ることも不可能ではありません。いずれを取るかは、国民のコンセンサスによります。

②　専業主婦、パート・フリーターの年金

第三号被保険者制度については、改正に当たって成案が得られず、そのまま維持されています。離婚

の場合の年金分割が制度化されたに過ぎません。

また、関連して、パートやフリーターの年金問題も先送りされました。これは、最近増加しているこれらの短時間労働者を、年金制度の上で適切に位置づけ、保険料を徴収し、給付を行う対象とすべきではないかというものです。

③ 給付と負担

二〇〇四年改正では、先に保険料を決定し、その範囲内で給付を行うという財政方式を採用していますが、人口の動向や経済成長が想定どおりに推移するとは限りません。とくに、今後、給付水準が法律の附則で定める最低目標（現役世代の平均収入の50％以上）を下回る可能性が生じた場合には、再び大きな制度設計の見直しが必要になることになるでしょう。

このように、残された問題は多く、また、政治的にも、年金は引き続き国会における重要なテーマとなっています。今後とも注意深く勉強していくことが大事と思われます。

医療

1　国民皆保険の構造

国民すべてがかならずいずれかの公的医療保険に加入するという「国民皆保険」は、一九六一年から実現しています（図表4）。

どの制度に加入するかは、原則として就業上の地位、つまりどこでどのように働いているかによって決まります。

国家公務員や地方公務員、あるいは私立学校の教職員として働いている人は、各共済制度に加入します。船員として働いている人は、船員保険の被保険者になります。民間企業で働いている人の場合は、勤務先企業に健康保険組合があれば、その健康保険組合に入ります。健康保険組合がなければ、政府管掌健康保険の被保険者になります。健康保険組合は、主に大企業で設立されています。

以上の制度は、雇われて働いている人たちのためのものですが、これらの制度では、家族も被扶養者として同じ制度に加入します。

それ以外の人たち、たとえば農家、自営業者、年金生活者などは、生活保護を受けている世帯を除き、国民健康保険の被保険者になります。国民健康保険は、原則として、市町村が制度を実施・運営しています（市町村国保）。

医療保険の各制度には、従来、給付率に違いがありました（その結果、病院の窓口での負担額にも違いがありました）。しかし、最近の改正によって、二〇〇三年四月からは原則として七割給付（三割が自己負担）に統一されています。

2　老人保健制度

高齢者は若者に比べ、病気になる確率が高く、また治療しても治りにくくなります。統計では、高齢

図表4　医療保険制度の概要（平成17年4月現在）

制度名			保険者 （平成16年3月末）	加入者数 （平成16年3月末） ［本人 家族］ 千人
健康保険	一般被用者	政管	国	35,522 ［18,815 16,707］
		組合	健康保険組合 1,622	30,126 ［14,648 15,478］
	健康保険法第3条第2項被保険者		国	31 ［19 11］
船員保険			国	185 ［69 116］
各種共済	国家公務員		21 共済組合	9,739 ［4,431 5,308］
	地方公務員等		54 共済組合	
	私学教職員		1　事業団	
国民健康保険	農業者 自営業者等		市町村 3,144	51,236 市町村 47,200 国保組合 4,036
			国保組合 166	
	被用者保険の退職者		市町村 3,144	

老人保健	［実施主体］ 市町村	（平成16年2月末） 15,179 被用者保険 2,901 国民健康保険 12,278

出典：厚生労働省『厚生労働白書（平成17年版）』525頁。

者の一人あたり医療費は、若者のほぼ五倍かかっています。このように、高齢者の医療については、特別な配慮が必要です。

そこで一九八二年から、老人保健制度が実施されています。この制度は、①高齢者本人の医療費負担を軽減する、②医療保険の各制度から公平な負担を求める、③治療だけでなく、健康づくり・疾病予防からリハビリテーションまでの総合的な保健サービスを実施する、という三点を目標としています。

老人保健制度では、四〇歳になれば、市町村が成人病やがんの検診をしてくれます（いわゆる「ヘルス事業」）。これは、早くからの健康管理や疾病予防が重要であるからです。

原則として七五歳以上になると（現在七〇歳→七五歳への年齢引上げ中）、老人保健制度からの医療給付の対象となります。自己負担は原則一割であり、一ヶ月あたりの自己負担限度額も、一般の医療保険より軽減されています。必要な医療費は、医療保険の各制度が共同して負担する「拠出金」と、国・都道府県・市町村の公費負担によってまかなわれています（原則として二分の一ずつ）。

3　医療保険制度の課題

①　医療費の増大

一年間で国民全体のためにかかった医療費（国民医療費）の総額は三〇兆円を超えており、年々増大しています。医療費の伸びは国民所得の伸びを上回っており、日本経済全体にとっても大きな負担になってきています。

医療費が増える原因として、主に「社会的入院」「薬剤費」そして「出来高払い制度」の三つが挙げられてきました。「社会的入院」とは、医学的にはもはや入院の必要がなくても、さまざまな理由で自宅に戻れず、結局入院を継続してしまうことです。しかしこれは、介護保険制度の導入によって改善されてきたようです。また、「薬漬け医療」や「高価格ブランド薬好き」などによって高かった薬剤費も、医薬分業が進んでかなり改善されてきました。

三番目の診療報酬の「出来高払い制度」の問題は、まだ残っています。これは、費用の心配をすることなく患者に適切な医療を提供できる点で優れた制度ですが、一方で乱診乱療の歯止めが難しいという欠点があります。逆に、慢性疾患などに対して導入されつつある「定額払い」制度は、粗診粗療で重症患者が満足な治療を受けられなくなる危険性が指摘されています。診療報酬の算定・支払いをどのような方法で行ったらよいかは、大きな課題です。

② 高齢者医療の負担

高齢者の医療費も増大しています。老人保健制度では、公費とともに、医療保険の各保険者が費用を拠出していますが、保険者側、とくに大企業の健康保険組合などには、「自分たちの加入者でない高齢者の医療費も負担させられている」という不満の声があります。高齢者の医療費を、国民全体で公平に分担するにはどのようにすればいいのか、これが大きな課題です。

③ 市町村国保の財政問題

自営業者、農家、年金生活者などのために各市町村が国民健康保険を実施していますが、過疎地の市町村などでは、人口が少なく、保険者としての規模が小さいところがあります。また、被保険者の中心だった自営業者や農家の人々はだんだん少なくなり、今や被保険者の中では年金生活者などの「無職の者」の割合がもっとも多くなっています。これは、支出に見合う収入を、保険料で十分に確保できない危険性を生じさせています。

このため、財政力の弱い市町村に援助を行う対策がさまざま講じられていますが、抜本的な解決を行うためには、制度自体の構造を見直すことが必要になっています。

4 次の改正案は？

政府では、おそくとも二〇〇八年に抜本的な改革を実現させるという方針で、二〇〇六年の国会に改正法案を提出すべく検討作業を行っています。二〇〇三年三月には、次のような改革の基本方針が閣議決定されました。

① 現行の老人保健制度に代わるものとして、社会保険方式を維持しながら、新しい高齢者医療制度を創設する。
② 都道府県単位を軸として、保険者の再編・統合を進める。
③ 診療報酬体系全体を、「診療行為に着目した評価（ドクターフィー）」と「医療機関の運営に着目した評価（ホスピタルフィー）」の両方の要素から見直し、再編成する。

二〇〇五年一二月に政府・与党がとりまとめた改革案（医療制度改革大綱）では、①七五歳以上の高齢者を対象とする独立した新・高齢者医療制度を二〇〇八年度に創設する、②政府管掌健康保険は、国とは切り離した全国単位の公法人を設立して実施することとし、財政運営は都道府県単位を基本とする、③国民健康保険は、共同事業の拡充などにより、都道府県単位の保険運営の推進を目指す、とされました。

新・高齢者医療制度は、窓口での患者負担を原則一割とし、また高齢者本人からも広く薄く保険料を徴収することとされています。引き続き公費負担と現役世代からの支援も行われます。運営は、市町村が保険料徴収を行い、都道府県単位の広域連合が財政運営を行うことが予定されています。

福祉

1　社会福祉の法制度

社会福祉とは、ハンディキャップを有していたり、社会において弱い立場にある人々を援助していこうという制度です。日本では、「高齢者」「障害者」「児童」というような、ある程度類型化されたグループを対象として制度化し、たとえば生活保護法、老人福祉法、児童福祉法、身体障害者福祉法といったように、分野ごとにそれぞれ法律を作って必要な対策を実施してきています。

また、福祉の各分野に共通する土台となるような制度、たとえば、行政機関（福祉事務所など）、事業者（社会福祉法人など）、公的助成などに関しては、社会福祉法（二〇〇〇年以前は「社会福祉事業法」）が制定されています。福祉活動を担う人材のためには、「社会福祉士及び介護福祉士法」も制定されています。

2 「措置から契約へ」

これらの制度から給付（福祉サービス）を行うために共通して利用され、日本の戦後の福祉を代表するといわれる仕組みが「措置制度」です。この制度は、行政が「措置を採る」という決定を行うことによって、対象者に福祉サービスを行うことをいいます（図表5）。たとえば、市町村が「入所の措置を採る」ことによって、高齢者が老人ホームに入所する、という方法です。この場合、高齢者と事業者（老人ホーム）との間に契約関係はなく、事業者は、措置権者（市町村）から委託を受けたから高齢者を入所させているに過ぎません。

措置制度には、行政の責任を明らかにするなどのメリットがありますが、他方で予算などによって人員数、ベッド数などのサービス供給量が制約されてしまうという欠点があります。また、行政がすべてを決めてしまう仕組みのため、利用者が施設やサービスを選択できないなどの問題も指摘されてきました。

そこで近年、措置制度に代わり、なるべく利用者の自立や選択を尊重した新しい仕組みの導入が進められてきました。

最初に新しい方法が登場したのが保育所です。一九九八年から、保育所では「市町村が保育を実施す

図表5　措置制度

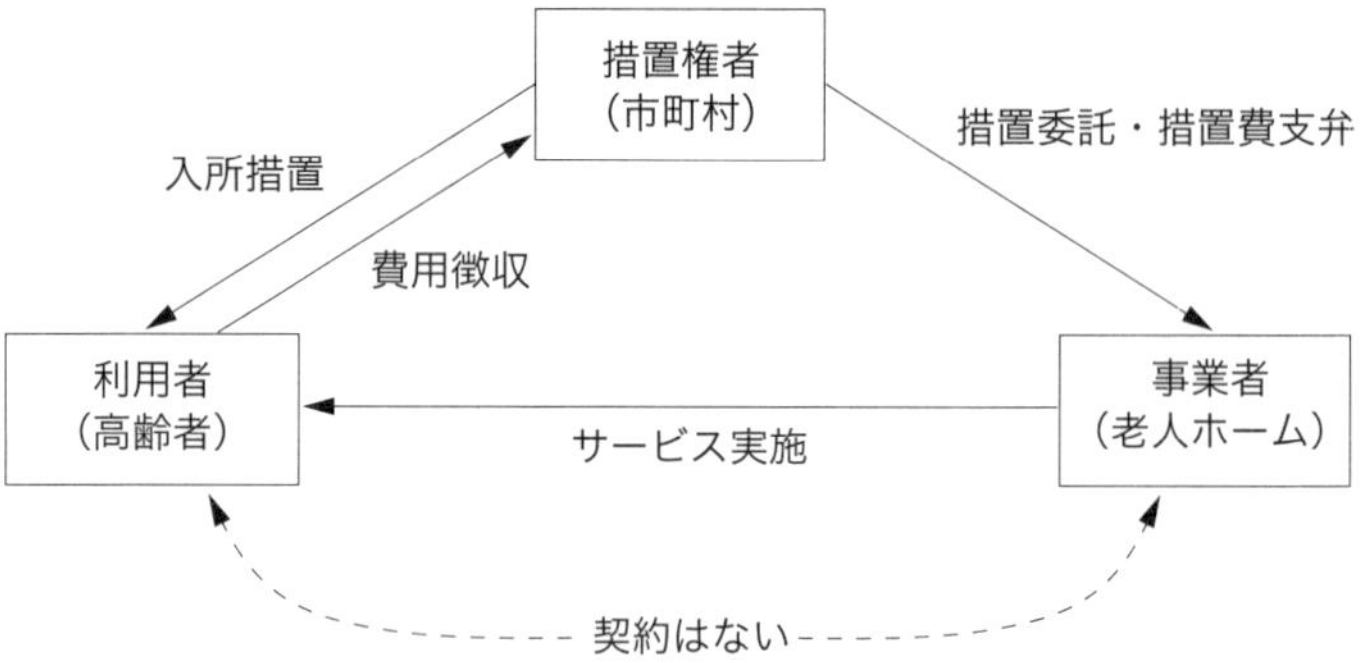

出典：筆者作成。

る」という新制度に変わり、措置制度ではなくなりました。また、高齢者福祉の分野では、二〇〇〇年から介護保険制度が導入されました。さらに、二〇〇三年からは、障害者福祉の分野で「支援費支給制度」が開始されています（二〇〇六年四月から、原則として「自立支援給付」に移行）。

これらの新しい仕組みは、対象者の特性に応じて工夫されたそれぞれ別の方式です。しかし、福祉サービスを行うに当たって、「契約」の要素を重視している点が共通です。そこで福祉について、「措置から契約へ」という表現がよく用いられています。

3　利用者の保護

福祉サービスの利用が「契約で」行われるようになると、利用者の保護が大きな課題となってきます。措置制度の下では、利用者は、福祉サービスの利用に当たって、市町村などの行政に全部任せるしかなく、また逆にいえば任せておけばよかったのですが（責任も全部行政が取ってくれる）、契約となると、自分でしなければならないことが多くなります。実際、介護保険や支援費支給制度では、利用者と事業者（老人ホームなど）が契約を行わなければ、介護などの福祉サービスも実施されません。

とはいえ、契約は簡単ではありません。とくに高齢者などの福祉サービス利用者は、自由競争取引の社会では、思わぬ被害を受けたり、場合によっては悪質な事業者にだまされたりする危険があります。そこで、利用者を保護するために特別の対策が必要になってきます。

もともと、高齢者などの福祉サービス契約に限らず、そもそも契約一般として、民法が契約者を保護する制度を置いています。「詐欺または強迫による意思表示は、取り消すことができる」（九六条）、「錯誤があったときは無効とする」（九五条）などです。また、福祉サービスの契約も「消費者」としての契約ですから、消費者保護の各制度を利用することもできます。「消費者契約法」「不当景品類及び不当表示防止法」「特定商取引に関する法律」などです。具体的には、クーリング・オフを利用して契約を解除したり、消費者センターに相談したりすることができます。

しかし、福祉サービス契約の場合には、当事者が高齢者など社会的に弱い立場にあると同時に、契約内容が施設入所のように相手方に生活全般を依存するような内容のものであるため、一般の契約以上に特別な配慮や対策を必要とします。そのために近年、「措置から契約へ」が進行していくと同時に、さまざまな制度が整備されてきています。

① 成年後見制度

成年後見制度は、判断能力が不十分な成年者の財産管理に関する民法上の制度です。福祉サービスだけでなく、すべての取引行為に一般的に適用されるものです。詳しくは、本書のⅣで解説されています。介護保険制度では、サービスを利用するために利用者と事業者とが契約を締結することが必要ですが、たとえ認知症であっても保護者をつけて有効な契約を締結することができるように、介護保険と同時に二〇〇〇年から開始されました。

② 地域福祉権利擁護事業

これは、福祉サービス利用の援助や日常の金銭管理などを行うもので、原則として都道府県の社会福祉協議会が実施しています。さしあたり成年後見制度を利用するほどの必要性がない場合や、成年後見制度の利用と併せて、とくに専門的な援助を行う場合などに活用されます。具体的には、社会福祉協議会の職員が、生活支援員として、福祉サービスの申込み手続きへの同行、利用料金の支払い、通帳等の保管などを行ってくれます。

③ 苦情の処理など

苦情を事業者に対して直接言うことは難しいため、都道府県社会福祉協議会に苦情処理のための特別な窓口が設けられました。具体的には、専門家や第三者からなる「運営適正化委員会」が設置され、苦情に対する相談・助言・調査が行われます。その結果、利用者と事業者との間で、苦情解決の斡旋を行います。悪質なケースについては、事業者を監督する都道府県知事に対して、その旨を通知することができます。

事業者には、利用者に対する説明やサービスの質の向上、そして苦情の解決の努力義務が課されました。また、誇大広告も禁止されています。

④　オンブズマン

オンブズマンとは、市民の代理人として行政についての苦情を受け、中立的な立場で原因を調査し、問題の解決に当たる第三者機関をいいます。もともと北欧諸国から発展してきたものですが、日本でもすでにかなりの地方自治体でこの制度が取り入れられています。

行政全般についての一般オンブズマンのほか、最近は福祉の分野だけを対象とする「福祉オンブズマン」も登場しています。市民活動としてＮＰＯ法人などが行っている「福祉オンブズマン」は、一定の地域を対象とすることが多いようですが、施設が独自に置いている「施設オンブズマン」もあり、施設内部での苦情処理などを担当しているようです。

オンブズマンはもともと任意的・自主的な活動ですが、利用しやすくまた適切な人材を得て活動が根付いていけば、実際に利用者の権利保護に役立つことが期待されます。

Ⅵ　高齢社会の生活福祉

――高齢者の望むもの、そしてビジネス

見目　洋子

はじめに

高齢社会の市場を考えるときに、筆者が関心を寄せる主題は「人がより良く生きること」の意味を探ることとです。現在、核家族化が進み、高齢者の単独世帯がますます増加することも予測されています。そうすると、わたしたちの生活を維持するために新たな知恵も必要となってくるでしょう。人がよりよく生きるための知恵です。その知恵として、筆者は、【家庭機能】、【市場機能】、【社会的機能】という三つの機能性の有機的結合と捉え、それにより家庭が快適にサポートされる仕組みを考えています。

さて、それではこのような三つの機能性が発揮される場とは、どの様な場なのでしょうか。それは、これまでの生産・流通・消費から構成される「市場」という活動の場だけではなく、市場と家庭の間にある「準市場」という新しい活動の場も想定しなければならないでしょう。正しく、市場を補完する活動の場として、自治体や市民、そして企業が協働して活動する場であります。市場と準市場という二つの活動の場、こうした多様な活動の場の創出が、今、求められているのです。

これまでの市場機能や社会的機能、家庭機能を補完する新たな活動領域の創出です。たとえば、多彩なコミュニティー・ビジネスの始動などは、その一例でしょう。これからは、人がよりよく生きるために、多様な活動系が連携し結合して、各経済主体の間で新たな機能分担も再構築されていかねばなりません。つまり、新たなパートナーシップに基づく社会的コンビネーションを如何に創出していくかが、鍵となることでしょう。

高齢社会を見る視点

それでは、次に、わが国の高齢社会を考える際の注目する視点を指摘しましょう。

一つは、超スピードで高齢化が進行したことです。わが国は、ご承知のように先進国の中でも例のない、僅か三六年間という短い間に20%の高齢化率を遂げた国です。一方、先進的な福祉国家の一つといわれているデンマークは、一〇二年間という約一世紀をかけて20%になった国家です。このことからも容易に想像出来るように、今後、日本の高齢化が進展した消費社会においては、新たな市場や準市場の仕組みの構築が、とても重要な課題として横たわっていることが分かります。

二つには、高齢者の単独世帯(独居世帯)や高齢者夫婦のみ世帯が増大していることです。中でも、女性の高齢者単独世帯が、二〇二〇年には全高齢世帯の三分の一まで到達することが予想されています。特に、地方で生活する女性高齢者の世帯に対して、その地域に相応しい何らかのサポートが課題となります。

三つには、高齢者といっても、実に多様な高齢者が存在することにも着目することが大切です。その中には、六五歳を過ぎても積極的に活動を続けている元気な方、身心の衰えが進行している要介護対象の方、自宅で便利な生活サポートがあれば基本的な生活は自分でできる方など、実に多様な高齢者の姿が見えてきます。一般には、六五歳以上の方を高齢者と規定されていますが、さらに六五歳～七四歳の方を前期高齢者、七五歳以上の方を後期高齢者と区分けされます。中でも、後期高齢者の方は、軽度の要介護認定の予備群の方とも考えられます。

ここで、要介護認定高齢者の状況を簡単に把握しておきましょう。二〇〇三年三月には要介護認定者は三七四万人で、全体の15％になります。その内訳は、要介護認定の45％の約一七六万人の方は、軽度の「要支援」と「要介護1」のレベルです。一方、全体の85％が元気な高齢者ですが、二〇〇五年推定で約二五〇〇万人です。

四つには、地域高齢者と都市高齢者の生活環境の差異にも着目することが必要です。高齢期になりますと、一般に、恵まれた自然環境の地域が望ましいと考えがちですが、却って、都市部周辺のエリアの方が、たとえば、コンビニエンスストアーの活用などを想定すればお分かりのように、高齢者にとって生活の利便性をより享受しやすいことも、すでに指摘されています。それに引き替え、地方部では、移動手段などを見ても、高齢になるにつれて一人では残念ながら不便さが増加するばかりです。

五つには、高齢世帯では、所得や貯蓄の状況などを見ますと、経済格差が大きいことも指摘されます。ここでは詳細にお話しいたしませんが、それぞれの経済環境をベースにした生活支援の充実が課題になりますが、中でも、低額所得者層の家庭への対応が優先的な課題でしょう。

そしてさらに、今後の高齢社会における市場活動を考える際には、現段階での多彩な高齢者だけを対象とすることだけでなく、筆者は、消費者としての年齢範囲をもう少し広げて考えることが重要と思います。何故かというと、今後の高齢者予備軍が、従来までの高齢者の生活スタイルとは質も異なり、極めて消費意欲も高く、行動も多彩で活発である団塊世代が存在するからです。中高年の「エルダー＋アクティブシニア」層の方々を消費者として想定した議論が、今後の観察として相応しいと考えています。たとえば、五〇歳〜五九歳は全体の15％（一、九〇九万人）、六〇歳〜六九歳が同12・4％（一、五七八万人）で、合計では27・4％の元気な中高年齢者層が想定されるのです。また六〇代世帯の平均支出は二五万六千円／月程度と、多様な消費生活の有り様も充分窺えるからです。

たとえば、「特定サービス産業動態調査」（二〇〇四年、経済産業省）によると、フィットネス事業での回復の兆し（五五歳以上の利用率13・6％（二〇〇〇年）→27・1％（二〇〇二年））も示されています。たとえば、あるスポーツクラブでは、退会率の低い高齢者に向け「セルフメディケーション（自分の健康は自分で管理する）」の視点からシニアプログラムを作成して、成果も上げています。

今後、元気で、支出余力のあるエルダー＋アクティブシニア層の消費者は、これから五〜一五年後が最盛期を迎えます。多くの団塊シニアが壮健な高齢者へと進んでいくわけですから、この高齢者予備軍がどの様な高齢者へと変化していくのか観察をすることも大切でしょう。

市場の変革を促すための新しい概念――「生活福祉」

今、高齢社会を迎えて、わたしたちの消費生活のあり方が大きく変わろうとしています。そのため、これからの消費生活に適した新しい福祉観が必要となってくるのです。それは、すべての人々の消費生活を快適にするための新たな福祉観でなければなりません。

筆者は、以前からこうした考え方の下に、新しい福祉観「生活福祉」という概念を提唱してきました。表1に、従来までの福祉観と新しい「生活福祉」を各項目別に比較して示してあります。

生活福祉という考え方

従来の「福祉」とは「Welfare」という訳が対応しますが、これは社会的弱者への対応を指しています。それに対して、新たな「生活福祉」とは「Total-well-beings」という訳で説明され、すべての生活者への対応を想定しています。要介護の高齢者や身障者の方という社会的弱者だけでなく、元気な高齢者とその家族、すべての現役世代や子供達等、今の時代を生きるすべての人が対象となります。

新しい「生活福祉」という概念を簡単に説明しますと、「いつでも、どこでも、誰にでも、どのようにでも利用できる日常生活の支援」というもので、言い換えれば、「日常性、選択性、自在性、そしてユニバーサル性」が鍵となる考え方といえましょう。

つまり、これまでの福祉活動とは、あまねく消費生活上の「マイナス」を「ゼロ」に押し上げることを中心としたものでした。しかし、今後の生活福祉型の市場活動は、人がより快適な生活を築くためには、「マイナス」から「ゼロ」へ押し上げることは前提で、さらに「ゼロ」から、人の多様な「プラス」を実現し支援することを中心とする市場活動の創出が焦点となると考えられます。

表１　「福祉」から「生活福祉」への転換

	「福祉」	「生活福祉」
行為の主体	国・自治体	国・自治体・民間企業・個人
行為の形態	単独・（委託）	単独・（委託），ネットワーク型
対象	社会的弱者対応	全ての国民に対応
目的	救済，養護・保護，最低の生活保障	自立型パーソン・サポート トータル・ライフサポート
利用方法（権利）	限定，供給者主導	自由／選択性 需要者主導（人権の尊重）
質	画一的，単一機能，限定的な規模・時間，受動型 時間・空間限定型の「福祉」	多様性／日常性，多機能規模の拡大，タイムリー性，連帯性，参画型，自立型，24時間型の「生活福祉」
費用	公的負担・一部個人負担	公的負担・一部個人負担，個人負担（自助努力）

出典；拙著『「生活福祉」を実現する市場創造―円熟社会の高質化のために―』中央経済社，1997より

高齢社会が進展してきていますが、「生活福祉」からビジネス化を再考し、実践することが、重要と考えています。多彩な商品・サービスの質と量の確保が不可欠のこととなりましょう。そのためには従来のように国が行っていた中央集権的なアプローチから、これからは多様な活動系が発生し、活発化するために、分権的・多元的なアプローチが基盤となりましょう。たとえば、コミュニティーにおける身近なソーシャルワークの事例を考えればお分かりのように、多彩な生活地域密着の活動系が求められています。多くのビジネスチャンスがさまざまな領域に潜んでいると考えられますし、正に、既存のビジネスを、「生活福祉」という新たな概念から再考すべき時と思います。商品づくり、サービス提供のあり方、事業領域の範囲、そして経営の視点や労働環境の工夫等々、多くの課題に向けた新たな挑戦が既に始まろうとしています。

たとえば、花王の掃除用具「クイックルワイパー」という商品があります。わたしたちの生活様式が、畳↓絨毯↓フローリングへと次第に変化してきたことに伴って、便利な道具として、今日、多くの家庭で使用されている商品です。けれども、この商品の開発当初は、使用者として身体機能の低下している身障者を主たる使用者と想定していたのです。しかし、「便利だ、楽に掃除が出来る」という反響が消費者センターに届き、その後は、一般家庭向けに拡大して提供されてきているのです。背景を考えても、二四時間型の生活スタイル、いつでも気兼ねなく簡単に掃除がしたい、高齢者や子供でも自分で楽に掃除が出来るなど、正しくユニバーサル商品の一つといえましょう。ここで説明した「生活福祉」の概念で説明出来る、典型的な商品といえます。

これからの市場の課題——多様な世帯、生活者を想定したマーケティング

さて、ここで、これから予想される市場の課題について考えてみましょう。高齢者を取りまく環境の変化への対応、あるいは高齢者の活力を生かす取り組みなど、いくつかの視点別に列挙しておきましょう。

(1) 今後、増加が見込まれる軽度認定高齢者への対策

食事や排泄などは自分でできるものの、掃除、洗濯、買い物、調理など、さらに話し相手、自立した生活を維持するためには、多様な日常生活の支援サービスを求める軽度認定高齢者の増加が見込まれま

す。さらに、「引きこもり高齢者」を増やさない工夫も大切です。そして、こうした対策は、要介護高齢者としての「虚弱老人」を増やさないことに繋がるからです。一人住まいの後期高齢者を外出させる楽しい工夫とそのための若者や子供達との交流が始まっています。

(2) 高齢者家族へのきめ細かな支援サービスの展開

高齢者本人はもとより、一緒に住む、介護をする家族が利用しやすい多様な支援のあり方、工夫を忘れてはいけません。家族の継続的な介護活動を支える地域の工夫、中でも、通常の家族の家庭生活を維持するために必要な休息や休暇を取りやすくする身近な工夫が必要です。

(3) 元気な高齢者の社会参加、支援、活用のあり方

心身ともに健康で、好奇心や活力を備えた元気な高齢者も増加しています。たとえば、地域の知恵袋として、また子供の安全確保、見守り機能の強化やよろず生活相談室など、地域の子供達の生活環境整備の活動、あるいは高齢者自身の技術や趣味を生かす多彩な自己実現に向けた活動、さらに地域の住環境を整備する環境リサイクル活動など、高齢者の社会参加のあり方を検討することです。その潜在的な能力は、極めて高いと思います。正しく、わが国の高齢者は、実に貴重な人的資源であると理解いたします。

たとえば、「仙台シニアネット」というグループの活動を紹介しましょう(仙台市：事務局長　庄司平弥さん)。パソコンを操作する元気な高齢者達が、地域の小学校などで出前パソコン教室を展開しています。お洒落なおじいちゃん先生やおばあちゃん先生が、小学校で優しく教えるパソコン教室を想像

してください。この活動の成果は、高齢者にとっては貴重な社会参加の活動で生き甲斐探しになる、一方、子供達は緊張もしないで楽しい学習の機会に恵まれる、さらに学校や自治体にとっても経済的で利便性も高く、さらに地域との連携も図られるなど、どちらにとっても良いことずくめなのです。

(4) 少子化市場への対策、子供の生活環境の整備

高齢化の一方で、少子化による対策、家庭の小規模化に対する対策も必要となります。要は、子供が住む「地域の快適さ」を如何に高めることができるかが重要でしょう。防犯対策は前提ですが、遊び場、くらしや買い物の仕方を教わる場、学習の場、コミュニティー活動に参加する機会など、子供の生活全般に関わる多様な仕組みと場があります。現代のように核家族の時代であればこそ、特に、幼児や学童が高齢者と共に過ごす時間、施設の工夫は望ましいものです。たとえば、学校の食育活動やビジネス学習などに地域が積極的に関わる活動例などもあります。

(5) 女性の外部労働時間の増大化への対応

今、家庭の小規模化が進行していますが(平均世帯人数二・六七人、二〇〇二年総務省「国勢調査」)、これにより、家庭機能の低下が生じています。かつては、大家族構成で家庭の中でさまざまな役割分担を果たして生活をしていました。それが、できない状況になってきているのです。特に、労働力として女性の担う割合も高まり、専業やパートなど形態はまちまちですが、外で仕事に従事する割合が増加しています。当然、家庭での家事労働時間の低下が発生します。

現役世代の家庭における生活の有り様や営み方、そのための家事労働時間の設計は大きく変化してき

ているのです。家庭の小規模化に伴い、多彩な生活支援ビジネスの創出、多様で便利な家庭を支える仕組みが急務の課題となっています。

このように見て参りますと、現在、「介護・保育の地域化、そして社会化」という現象が、必要に迫られて生じてきているといえるのです。ですから、今後は、多彩な家事代行業の創出、さらに進んで生活支援型ビジネスの展開が待たれるのです。

ここで、高齢者の生活を巡る消費者相談、問題や課題について、簡単に触れておきます。一つは、高齢者の消費者相談の実情について、二つは、介護保険制度に関わる新たな課題です。

◇最近の高齢者の消費者相談の実情

最近、七〇歳以上の高齢者相談が増加しています。二〇〇三年度のPIO－NET（全国消費生活情報ネットワークシステム）によれば全体の相談件数一三七万一三一件の中、同高齢者の相談件数は6・5％を占めており、八万九五八四件が寄せられています。そのうち、家庭訪問販売で発生する頻度も高く（25・5％で二万二八三七件）、その内訳は、①サラ金・フリーローン、②布団類、③健康食品、④TEL情報相談、⑤浄水器、⑥……、⑦家庭電気治療器具、⑧……、⑨修理サービス、⑩建物清掃サービス等となっています。その相談の多くは、日常生活を維持するために必要な商品やサービスです。

◇介護保険制度に関わるギャップや課題

介護保険制度の導入後、多くの高齢者が要介護の認定を受けていますが、その際に、要介護の認定判断に伴うギャップや問題も発生しています。たとえば、一つは、認定に対する高齢者本人と介護を行う家族との間の意識のギャップが挙げられます。本人は認定など受けいれたくないという自尊心、また受けるとしても少しでも軽度のレベルであるという自覚、このような自分は元気でありたいと主張したい意識と、一方で、家族は介護の大変さの実感や本人の実態を客観的に把握しているとの意識から発生するお互いの認定レベルに関する意識のギャップです。

二つは、家族が望む介護サービスの度合いと、介護プランを作るケア・マネージャーのプランニング内容との間のサービスメニューに関する意識のギャップです。家族が求める感覚や必要度と、ケア・マネージャーが所属する企業との関係などから、時にはプランニング内容が過剰サービスのメニューを作成してしまうなど、ケア・マネージャーの力量の差による課題も発生しています。

以上、ここで指摘した内容は、たとえば、成年後見制度やノーマライゼーション（自己決定権の尊重）、また身上保護の重視（人の生活支援・自立支援）、Quality of Life（QC：生活の質の向上）と関わる内容で、今後は、高齢者の快適な生活環境を整備するための多角的な視点に立った議論が必要となります。

エルダーならびにシニア市場におけるビジネス展開

「生活福祉」型のビジネスの領域

先に、今後の高齢社会における消費者層として、高年層のエルダーならびにシニア層の方々を想定した議論が相応しいと、筆者は指摘しました。そこで、ここではエルダーならびにシニア層を主な消費のターゲットと位置づけをして、実際のビジネス領域における活動を、先にお示しした「生活福祉」の視点から概観することとします。

なお、紙幅の関係からすべての生活領域についてここで述べることは出来ませんので、食生活領域に焦点を絞った内容といたします。

始めに、高齢者の生活環境を想定して、「生活福祉」型の商品やサービスの全体像を先ずは見ておきましょう。図1には、従来まで中核となって実施された医療・保健・福祉のサービス領域から、新たな「生活福祉」型商品やサービスの展開を想定した内容を示します。

確かに、高齢者にとっては、医療・保険・福祉サービスの領域は、先ずは従来までの「福祉」においても、必需的な要素の高い領域ですから、高齢者の身心の実態に即したきめ細かな商品の提供やサービスの対応が必要となります。これらは、あくまでも前提となる活動です。しかし、この図からも明らかなように、今後は、従来の領域においても、新たな「生活福祉」を基礎として再考すること、捉え直す

図１　基本的な「医療・保険・福祉」から「生活福祉」サービスの展開

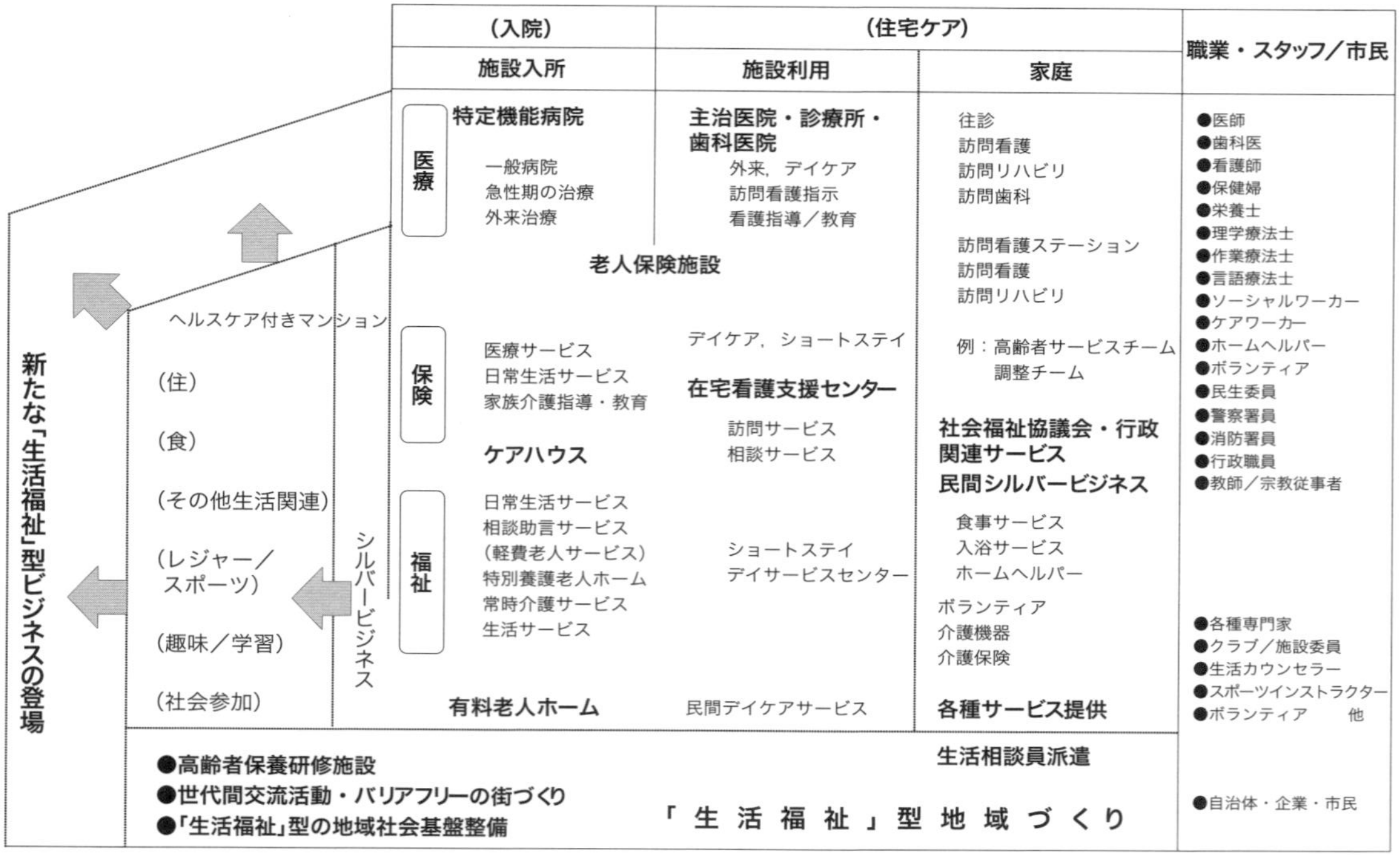
（入院）
（住宅ケア）
施設入所
施設利用
家庭
職業・スタッフ／市民
医療
特定機能病院
一般病院
急性期の治療
外来治療
主治医院・診療所・歯科医院
外来，デイケア
訪問看護指示
看護指導／教育
往診
訪問看護
訪問リハビリ
訪問歯科
訪問看護ステーション
訪問看護
訪問リハビリ
老人保険施設
保険
医療サービス
日常生活サービス
家族介護指導・教育
デイケア，ショートステイ
在宅看護支援センター
訪問サービス
相談サービス
例：高齢者サービスチーム
調整チーム
ケアハウス
社会福祉協議会・行政関連サービス
民間シルバービジネス
福祉
日常生活サービス
相談助言サービス
（軽費老人サービス）
特別養護老人ホーム
常時介護サービス
生活サービス
ショートステイ
デイサービスセンター
食事サービス
入浴サービス
ホームヘルパー
ボランティア
介護機器
介護保険
有料老人ホーム
民間デイケアサービス
各種サービス提供
生活相談員派遣
●医師
●歯科医
●看護師
●保健婦
●栄養士
●理学療法士
●作業療法士
●言語療法士
●ソーシャルワーカー
●ケアワーカー
●ホームヘルパー
●ボランティア
●民生委員
●警察署員
●消防署員
●行政職員
●教師／宗教従事者
●各種専門家
●クラブ／施設委員
●生活カウンセラー
●スポーツインストラクター
●ボランティア　他
●自治体・企業・市民
ヘルスケア付きマンション
（住）
（食）
（その他生活関連）
（レジャー／スポーツ）
（趣味／学習）
（社会参加）
シルバービジネス
新たな「生活福祉」型ビジネスの登場
●高齢者保養研修施設
●世代間交流活動・バリアフリーの街づくり
●「生活福祉」型の地域社会基盤整備
「生活福祉」型地域づくり

出所；表１と同様

ことが大切となるでしょう。

具体的には、高齢者の生活実態をより尊重し、また家族の状況も観察し、さらに、高齢者の日常生活をカバーする生活領域全体を包含した領域に関する議論であり、多様で個別な検討課題が多く存在しています。その裏側では、当然ながら、実際にビジネスを支える人や専門家が、新たにどのような行為を行うのか、養成されるのか、配置されるのかなどを、考えておかねばなりません。そしてさらに、重視すべきこととして、一般消費者と同様に、快適で利便性の高い商品やサービスの提供、さらに多彩な社会参加活動の可能性、また高齢者の移動性なども考慮した自治体のまちづくり議論までなど、広く生活全般を見越した展望が必要となります。

次いで、個別の領域として食領域に焦点を当てて、食生活の今日的な課題から食ビジネスを想定しておきたいと思います。なぜなら、食は生活の要であり、生活の基盤となる領域でもあるからです。

食生活の領域から課題を考える

現在、たとえば、個食、孤食、朝食抜き、ファーストフードの利用、サプリメントの常用や代用食など、こうした現象や言葉を見たり聞いたりします。食の外部化率も高まってきています。従来までのわが国のバランスの取れた食事スタイルが大きく変化してきていることに他なりません。そのため、改めて、地域や学校、家庭における食生活に関する消費者教育を再考する動きが始まっているのです。

たとえば、食ビジネスは、内食（食材や調味料を購入し家庭で作る食事）、中食（なかしょく）（調理済み食品をテークアウトして、家庭や仕事場などで食べる食事）、外食（お店で食べる食事）のそれぞれの三領域で展開していますが、次第にオーバーラップする兆しも見えてきています。最先端のビジネス現象を見ると、食ビジネスが中食方向へ移動・侵食をしてきているといっても過言ではありません。一方、消費者はＴＰＯに応じてこれらのビジネスを上手に選択し、見事にそれぞれ使い分けています。

内食と中食と外食のそれぞれのビジネスが、いわば消費者の胃袋をシェアリングするのですから、人口が減少化する中で、そのビジネス競争は大変厳しい状況となってきているのです。そのためにも、食領域におけるオンリーワンとしての企業活動に結びつけることが大切です。小さな、ささやかなことでも良いのです。何か新しい発想で提案力の高い活動を起こしていかねばなりません。ただ、高齢者や現役世代、子ども達に物を食べさせるという貧弱な発想だけでは、これからは立ちゆかなくなります。

地域における「食」への挑戦

ここでは、地域は「食の受け皿的役割を担う」という観点から、考えてみましょう。

一つは、「食育」への挑戦です。学校の現場や地域における消費者教育（市民教育）としての「地産・地消」の視点に接近する食の教育活動でもあります。これについては、後述しましょう。

二つは、新たな「伝統性」の再生への知恵といえるものです。郷土料理を地域の食文化の伝承活動の中核に据え、単なる料理伝承という活動系に留まらずに、郷土料理の会を大々的に開催し、周辺の地場産品の販売、郷土料理のレシピの紹介、そして参加者による楽しい交流系という、地域の年中行事に取り込む手法も進行しています。山形県の秋に開催される「芋煮会」はその好例でしょう。

三つは、家庭食（日常）を地域内食事（プチ・ハレ）の視点から捉え直してみる活動です。たとえば、高齢者介護施設などで幼稚園児など一緒に食事会を行う例がありますが、参加するものにとっては、楽しい食事会によってプチ・ハレとなる演出例でしょう。

◇食育活動の事例から

たとえば、食育活動として、地域における食育活動を、学校や地元農家、自治体と一緒に行う活動などにもヒントがありそうです。ここで、東京都国分寺市立の第六小学校で行われている地域密着型の食育活動を紹介しましょう。

全校生徒を対象とした教育プログラムとして、生活科、家庭科、保健体育科、総合科の各教科と「給食」を結びつけた、ユニークな「食育活動」が実施されています。たとえば、入学したばかりの一年生ではパネルを使用して給食の導入学習が行われ、各学年別メニューが決められており、五年生では「野菜の鍋パーティ」の開催、さらに六年生では「和食会」が開催されます。たとえば、地域の高齢者にアンケートを行い、食材や作り方などを教えてもらいながら和食を作るというものです。和食会開催の当日には、農家の方（もしかしたら、祖父母の方も?）、協力して頂いた高齢者の方、父母などが一緒に賑やかな交流の中で生徒達と食事をします。これは身近な地産・地消の教育であり、栄養士の先生は、最後に「必ずお家の方にも伝えてね」と、言葉も掛けるそうで、家庭の食事を担う家人への再教育にもなりそうです。

さて、こうした食育活動を企業が率先して行う場合には、さらに、その活動に関する情報を的確に発信をすることが大切です。それによって、さらなる新しい活動へと、ビジネスの開発、飛躍が隠されてもいる、チャンスかもしれません。つまり、食育活動をするということが、単に食の教育、学習だけでなく、人の交流や楽しみという行為を通して、新しいビジネス展開へと複合的に融合していくこととなるのです。そして、ここにこそ多くの高齢者の活躍の場や機会が待っており、高齢者が備えた技術や知恵を披露する貴重な機会ともなることが容易に想像できませんか。

多忙な現役世代を支える食ビジネスの展開、また食の外部化やファースト化の方向を再考する一助として、新たな食育活動を考えていきたいと思います。そして、今後も、わが国の食生活に相応しい家庭機能の代行業としてのHome Meal Replacement（HMR）の深耕を期待したいと思います。

注目される食のトレンド、消費の価値

皆さんは食に対するニーズとして、高齢者と他の一般消費者のニーズとをどの様に考えていますか？それらはかなり異なるものと考えますか？　筆者は、そうは思いません。確かに、食品のテクスチャーという側面では、高齢者にとって、歯ごたえのある硬い食品や食感などには多少の違いがありますし、味付けや食べやすさにも工夫が必要です。また、お餅などのように喉に詰まりやすいような食品では、

一口サイズにする等の注意が必要となります。これらは、食品として商品化するためのデザイン面での差異で、そのための注意点です。

しかし、一般に、食のニーズという場合、そのトレンドはほぼ同様の内容となるのではないかと思います。高齢者だから、特別な好き嫌いがあるというわけでもありません。

そこで、一般には、どの様な食のトレンド、食の方向として説明されるのか、次の三つから指摘しておきます。

■「超」健康志向（安全と安心）……【自分の健康は自分で守る】
■フュージョン・ボーダレス化（クロス・オーバー）……【日本食とその調理を軸に業の融合】
■スローフード化……【地域の食材と調理方法の伝承、都市と田舎の交流】

■「超」健康志向（安全と安心）

今、消費者の誰もが必ず口にする言葉は「健康」という言葉でしょう。正に、言葉を話せるようになった子どもから高齢者まで、全員がよく使う言葉でしょう。企業にとっては、ですから、この健康という言葉をきちんと「具現化」することが重要なのです。その内容は絡まったままでも構いません。別に解きほぐす必要もありません。企業が判断するのではなく、あくまでも消費者が判断するものですから。

消費現象を挙げてみましょう。たとえば、中高年層を中心に広がる生活習慣病への予防意識、年齢を問わず広く支持されるダイエット志向、食材や表示の適正性を吟味しリスクを回避しようとする安全志向、栄養バランスや手作り感を重視し評価する安心志向、価格が高くても自然食品や有機食を選択する自然志向、特定保健用食品や機能性食品、サプリメント剤の摂取など食素材への強い関心や機能志向など、具体的に多様な健康志向の消費現象が観察できるでしょう。

要は、自社の商品・サービスを、社員が客観的な第三者の立場で見た時、その商品から、具体的にどのような健康価値が情報発信されているか、メッセージが伝わっているかが大切です。もう一度、自社の商品や提供の仕方を再考してください。単独でも、複合でも、さらに異業種間で共同開発したものでも、その商品やサービスが新たに「健康価値」をアピールしていることが大切です。たとえば、病院向け給食事業を展開している企業の中には、宅配サービス事業で食卓応援シリーズとして一般向けに健康食の宅配も開始しています。

■ フュージョン・ボーダレス化（クロス・オーバー）

たとえば、ニューヨークにフュージョン系のレストラン「すしサンバ」や「アジアdeキューバ」などのユニークな名前の人気の店舗があります。これらは、日本食を基本にいろいろな国の食の要素を盛り込むことで、新しい食の魅力を提案するビジネス展開の一つです。注目されることは、それらが、何となく名前を付けたものでもなく、多様な国の食材をただアジア風にアレンジしたり、融合しただけでもないということです。必ず、「ヘルシーバリュー」という日本食の優れた健康価値を中心に据えていることです。それが分かるからこそ、魅力ある展開となっているのでしょう。かつて、海外駐在で忙しく働いていた団塊シニア層にも、大変、魅力的な展開と映ることでしょう。また、最近のデパ地下を歩くと、惣菜食品の中にも、健康らしさを明快に示し、フュージョン性を施した惣菜食品を探すこともできます。食商品の開発や食事シーンが、確実に、食材、味付け、サービスそして、ビジネスの面で、先に示した健康価値を中核にフュージョン化、ボーダレス化（クロス・オーバー化）してきています。

■ **スローフード化**

一九八六年にイタリア北部の「ブラ」で始まった食生活の再考活動ともいえるスローフードという食運動の展開です。地域の食材を大切にし、地元に伝わる方法で調理し、それを皆で集って楽しく食べるという活動が次第に広がっていきました。因みに、これらの活動のシンボルマークは「カタツムリ」です。「ファースト」という現代的な価値を、敢えて前向きに否定し、「スローライフ」を皆で体験し、じっくりと楽しく味わう食生活を考える活動と理解されます。中でも、高齢者は実にゆっくりとした、賑やかな食事が大好きのようです。

着目したいことは、集い型という側面からも評価される「サロンのような場」の演出です。食事が主役ではなく、あくまでも添え物の位置づけで良いのです。主役は仲間が繰り広げる賑やかな交流活動でしょう。食事は話題を提供するためのサブの役割を果たせばいいのでしょう。そのためにも、四季折々の季節感をどう演出するか、行事食の楽しさと驚き、その伝統性や誂え方の工夫、仲間の交流形式なども重要となります。たとえば、地域の公民館、福祉・保健施設などでも実施できます。中央のテーブルの上に用意される料理は、皆で持ち寄る素朴な美味しい手料理も良いですが、中にはケイタリングビジネスとして、多様にテーブルを演出し、展開している事例もあります。

先ほど紹介した「芋煮会」も、地元の産物で作った郷土料理を、楽しく集って食べる、時には食材や調理の仕方も教えてもらう、人と人との賑やかな交流がそれをしっかりと支えている。こうした中で、食文化を継承する楽しさを実感できるからこそ、喜びとして心に染み入るのでしょう。郷土料理と食材情報、それに地元情報などがサービスの束となって、確実に人々の心に届けられる仕組みになっていると指摘できます。

つまり、潜在的な食の今日的な課題を耕す工夫や地域密着の心地よさを的確に伝え、皆で味わう悦びを体験させることがポイントとなりましょう。

次に、これまで述べてきたことを実践していると思われる二つの事例を見てみましょう。

◇ 事例の紹介

A 「平田観光農園」（広島県三次市） http://www.marumero.com/

（(有）代表取締役　平田克明氏）平成一五年度第三三回日本農業賞を受賞

〈ポイント〉

・「ホスピタリティー；Hospitality、おもてなし」の精神性が浸透していること。

・ビジネス展開のコンセプトは、「都市と農村の交流」であること。

このケースは、過疎化の町の活性化策であり、それと食育活動、そして楽しみの共有を経営目標としています。これまで、農村は農村、都市は都市と、いわば無関係に位置づけされていましたが、平田さんは、過疎化が進行する農村ではそれではやっていけないという危機意識を抱いたとのことです。果樹園もしかりで、平田さんは、父親がやっていたリンゴ園を継ぎ、都市と農村の交流というコンセプトをベースに多彩な事業展開を拡大してきました。そもそも平田さんは、果実の研究者でしたが、厳しい経営状況のリンゴ園を、一九八五年に平田観光農園へと見事に改革し、変身を成し遂げました。今では、さまざまなフルーツを一年間に亘って提供するオールシーズン対応型の果樹園として展開しています。

さらに、観光農園としての基本的な展開を始めとして、各種のイベント開催、さらに海外からの研修生の受け入れや教育支援、また地域振興を目的とする他の果樹栽培農家等との共存共栄型活動への展開など、と幅広く実践しています。正しく、地域における教育と福祉の視点も採用して、「果物・果樹」を中心とする現代的食のテーマパーク手法を取り入れたビジネス展開といえましょう。国土交通省が観光政策の一環として表彰している、「観光カリスマ一〇〇選」にも選ばれているものです。

B 「道の駅」という事業活動

〈ポイント〉

・地域経済の再生活動である。そして地元住民と都市住民との交感であること。

・ふるさと・地域性を理解すること。人の活動に着目する楽しさに気づくこと。

このケースは、一九九三年から国土交通省が、地域経済活性策としての農業振興や雇用創出に寄与するための有効なビジネスモデルを模索する活動として推進している活動です。

この活動を企画する際のそもそもの発想とは、あるシンポジウムで「鉄道に『駅』があるならば、これからは、道路に『駅』があっても良いのではないか。現代人には車の生活が不可欠なのだから……」というものだそうで、思わず、誰もが合点と手を打ちたくなるような発想がキッカケと思いませんか。

当初、全国の一〇三カ所の開設から始まりましたが、現在、既に七八五カ所で開設され、大変、楽しい地域振興の場づくりに繋がってきています。活動形態もさまざまで、たとえば自治体の単独型、種々の地域の経済主体の一体型、企業組織型などで運用されています。この活動系の成果として、ポイントとして指摘しましたが、実に、地域生活、地元のさまざまな経済活動を知る機会となるのです。それも、それぞれの地域の言葉とおばちゃんやおじちゃん（お婆ちゃんやお爺ちゃんかもしれません）との屈託のない会話、習慣などに触れながらするのです。

正しく、地元住民と都市住民の交感の心地よさ、と筆者は捉えています。嬉しい副産物でしょうか。毎日、大きな荷物を搬入するため足腰も鍛えられ、病院にも行かなくなり、農家の高齢者が元気になったということも聞こえてきます。また、農業が楽しくなった、都会生活者にはスローライフを見直す機会ともなった、新鮮な豊かな食材の知識と地元の生活情報などにも触れて感動したなど、反響も大きく広がってきています。

たとえば、二〇〇一年に静岡県伊東市に開設した「伊東マリンタウン」の盛況ぶりでは、二〇〇四年六月で五〇〇万人の方が来場したとのことで、現在は、約二〇〇万人／年が来場するという活況を呈しているようです。

最近、筆者は、地域を訪れる際には、必ず、地元の「道の駅」を探して参ります。地元経済の一端を知る良い機会となっています。

結びにかえて――消費価値とは、何によって実現されるのか

マーケット研究の立場から見ますと、かつてのオールド・エコノミーの時代のマーケティング手法から、今日では、ニュー・エコノミー時代のマーケティング手法へと転換してきていると指摘できるでしょう。このことは企業にとっては、もはや自明のことでもあります。そのための消費価値を高めるための工夫と認識を、最後に、具体的な項目として列挙してきたいと思います。

①単に「モノ」を提供するだけでは、消費の価値は生まれません。

②「モノ」に楽しさ、優しさ、モダンさ、心地よい情報とサービス性をクロス・オーバーすることで、新感覚・魅力を発揮させること。新しい魅力的な「コト」（生活そのもの）として、感動させる価値を演出する様式や形態を工夫することです。

③新たな「生活価値観」を、どうしたら創出できるのか熟考すること。そしてどのように具体的に実

施するのか、新たな発想から再考することです。

④特に、高齢者向けのビジネスでは、あまねく「ホスピタリティー（hospitality）」という精神性を、活動の基礎に据えることが重要です。

⑤こうした新しい活動を構築するには、これまでの「通念」を如何に打破し、革新的な挑戦を継続するためには、経営者として、あるいは社員としての強い意志が肝心です。

ビジネスを遂行する者にとって、既に結果の出ている商品化の事象やビジネス現象を観察するのは、比較的容易なことでしょう。しかし、それだけでは新たな活動は生まれにくいでしょうし、他者に対する優位性には届きにくいでしょう。消費者も気づいていないような、何とはない不満や潜在的な消費者の「ウォンツ」を探索し、手繰り寄せることが肝心なのです。ここでは、ビジネス事例として食ビジネスを中心に述べましたが、筆者は、二一世紀型のビジネスの基本理念は、ホスピタリティーであると考えています。

これからも、多様な高齢者の心に少しでも接近できるよう、理解できるように、さまざまな生活像や消費現象を観察し、豊かな高齢社会の実現に繋がる議論を続けたいと思います。

VII

高齢者の住まい方

――ちゅらさん一風館のくらし

宇佐美　脩

はじめに

男女とも非婚、晩婚がすすみ、中高年の離婚が増えている。社会の流れは脱家族、個人化の方向をたどっており、これまで高齢者の生活を支えてきた家族や地域社会の役割は変質しつつある。このような社会状況の中で、高齢者はどこで、誰と、どのように住むかが、高齢者自身はもとより、社会的にも大きな課題となっている。

筆者が理事長を務めるＮＰＯシニアライフを考える会では、この課題に対する回答のひとつとして、カナダのオタワにあるユニタリアンハウスをモデルに、新しい住まい方の提案を行ってきた。その会則には「身体的に多少のハンディがあっても、自立的な生活をして社会との関係を維持している人は健康な高齢者」とし、グループリビングは「健康な高齢者が加齢に伴う身体機能の衰えを補うため、生活のある部分を共同化し、互恵的な関係を維持しながら、自立して生活する居住形態」と定義している。

健康な高齢者の居住形態としては、家族との同居、夫婦または一人暮し、有料老人ホームなどの施設に住むなどがある。しかし、夫婦または一人暮しについては不安、孤独、不便といった問題がある。施設には管理サイドからの規律があって、全ての人に適当とは言えない。

グループリビングは、血縁はないが生活上の価値観を共有する人々が、共に暮らして独居の不安を解消したり、心身の助け合いを行う、いわば自主的な参加による〝新家族〟といえる。

ここでの居住者は、血縁でなく、何らかの縁で結ばれて入居する。具体的な縁としては、地縁、職場縁、学縁、友人縁、信仰縁、趣味娯楽縁、助け合い縁などが考えられる。グループリビングは自らが選ぶ縁づくりである。

加齢に伴う様々な問題を認識し、それらを自ら克服するライフスタイルをもち、日々生きがいをもって暮すことが、老を受け入れ、老を超えるということではないだろうか。

しかし、年齢と共に身体機能の衰えと孤独感は強まる。それを支えるのは、同じ意思をもつ仲間の存在である。

共通の価値観や生活スタイルをもつ人たちが、相互に、可能な範囲で助けあう。この相互扶助の範囲を超える部分は、外部の支援や協力を得る。

入居者は、相互に支えあうという点ではヨコのネットワークであり、外部からの支援・協力はタテのネットワークである。この二つのネットワークと、自立して生きるという意識を組合わせたところにグループリビングが存在する。

グループリビング——一つの住まい方

新家族の創出

『社会学小事典』（有斐閣）の定義によると、家族とは、①夫婦関係をベースにした親子兄弟姉妹の関係で成立する小集団、②感情融合を結合の紐帯（ちゅうたい）としている、③成員の生活保障と福祉の追求を第一義の目標としているもの、とある。

戦後の都市化と高度成長によって核家族が誕生し、核家族の子供達が成人として独立し、今また家族は新たな変貌に直面している。とはいえ、かつての地域や家族共同体がもっていた負の側面、個人が集団に埋没する状態に戻ることは考えられない。しかし、居住者同士の相互扶助、大勢が一緒に住んで交歓し、生活の一部を共同化して利便を図るというプラス要素を見直して再構成することは、新たな家族形態の試みと考えることはできる。

前述の家族形態の定義のうち、「感情の融合を結合の紐帯」と、「生活保障と福祉の追求」を目的とする新家族形態といえる。

この新家族の形成にあたっては、個人の自立ということが前提になるが、「グループリビングは、新たな縁（えにし）による家族を超えた共同体の支えによって個人の生活を安定させ、安らぎを得る生活空間」を創出しようというものである。

自立して尊厳をもって生きる

高齢者の約90%は元気な高齢者である。グループリビングの対象者はこの元気な高齢者であり、一方的に養護や介護を要する人々ではない。しかし、例えば慢性疾患に罹ったり、足腰が不自由になっても、治療を行って病状をコントロールして車イスで生活できれば、それは加齢に伴う身体機能の低下であり、病人ではない。自立して尊厳をもって生活していく意思があれば元気な高齢者とみるべきだろう。一方的に支援を受けるのではなく、何らかの支援を提供する役割もはたし得る、いわば双方向の活動がグループリビングの住まい方の基本にある。

「ちゅらさん」がモデル

平成一三年にNHKの朝の連続ドラマ「ちゅらさん」という番組が放映された。沖縄の方言が耳にやさしく、明るい気分になった。語尾が「サー」と上がる主演の国仲涼子の笑顔が爽やかで、一日の始まりの時間帯にふさわしく、その後何度か続編も放映されている。評判の良い番組だったのだろう。

東京の舞台は、一風館という洋風下宿屋で、北村和夫と丹阿弥谷津子が管理人夫婦を演じていた。ドラマを見ていて、この一風館の居住者の暮らし振りこそが「グループリビング」であると気づいた。

そこは古風な木造住宅で、大きいリビングルームがあり、うれしい事があると居住者全員が集まって食事をする。また「ゆんたく（おしゃべり）ルーム」と名付けている部屋に集まって、酒を飲みながらおしゃべりを楽しむ。

幼児の保育園への送り迎えを、手の空いている居住者が交替で担当する。人生経験豊かな老管理人は、悩み事のある居住者にコーヒーをいれて、静かに聞き役になる。

居住者は、それぞれの個室で自分の生活を送っているが、用事をたのまれたり、互いのちょっとした助け合いをして協同生活の良さを享受している。ちゅらさんの沖縄の実家のような血縁家族ではないが、喜びや悲しみを共有しあえる人間関係は、限りなく家族的である。

NPOシニアライフを考える会の会員で大学院生である松原多穂子は、同会の会報でこのドラマにグループリビングの可能性を感じると述べている。

「高齢者から二〇代までいろいろな世代の人が、一つ屋根の下〝一風館〟で生活を共にしている。このような多世代での共同生活は、世代や価値観の違いから喧嘩や衝突もあるけれど、逆にそのことが刺激になったり、学んだり、教えられることも多いのではないか。若い人は、高齢者から豊富な経験に基づく知識や知恵などを教わったり、悩み事の相談にのってもらう。高齢者は若い人から刺激を受けて元気がでる。居住者の間には、家族ではないが友人とも異なる何か独特な心の絆が生まれているように感じた。こうした人と人との結び付きは、生きる力や生きがいにつながっていくものがある。このドラマで、グループリビングなどの共同生活の持つ可能性を感じることができた。」

大家族が核家族に変化し、核家族が個々人に分化しつつある現在、この「ちゅらさん」の一風館にみる人間関係は、新しい問題提起に他ならない。

入居者の自立度別タイプ

グループリビングでは健康な高齢者となんらかの介護や支援を必要とする人が一緒に居住することは可能である。しかし、介護のレベルがある程度を超えた場合、退去あるいは施設への転居というルールを、入居者があらかじめ決定しておく必要がある。

こうした居住（定住）型のほか、健常な高齢者が、日常生活から離れて短期または中期に暮せるホームステイ型が考えられる。定住型への準備段階としても機能できる。ホームステイ型が全国各地にできると、季節毎にテーマをもって中期滞在する移動型住まい方が可能になるだろう。地域の特性によっては、一時的にでも居住したいという願望が強くなると思われる。

そこで、今後、グループリビングが発展的に展開されていくことが予想される中で、日本の高齢者の志向や運営面等から、どのようなグループリビングのタイプが考えられるかを考察した。考察は入居者プロフィール（居住者の自立度、生き方）をとおして整理する。

（A） 自立高齢者型

健常なアクティブ・シニアで、リタイア後やりたいことを永年暖めていた人。やりたいことができる環境を求め、趣味やスポーツ、娯楽、芸術などを楽しみたいタイプで、生活のルールは自分で作りたいと考える。

（B） 半自立高齢者型

（A）のタイプの年齢的に上の世代。その条件で自らの個性的生活を実現できる人間的な円熟さをもっている。複数の同居者と一緒に暮すことのメリットとデメリットを認識した上で、このライフスタイルを選択する知的な生活者である。但し、年齢的な理由から、ある程度の生活支援を必要とする。

（C）要支援高齢者型

日々の生活そのものを重視するタイプで、自らの価値観や主張を前面に出さず、信頼するリーダーに随っていく。身体的には自分のことは自分でできるが、自立意識面ではサポートが必要となる。即ち要支援者である。ここでは、入居者を上手にリードし、不満を聞き、時には会議を催して課題を解決する〝ロッジマザー〟が機能する。ロッジマザーは入居者のまとめ役であり、入居者と運営サイドの中間にあって、双方のコミュニケーションのパイプ役をはたす。

グループリビングの特徴

グループリビングのイメージとして「ちゅらさん」を紹介したが、グループリビングの特徴を整理してみる。

●住み方に対して同じ考えの人の集まり

人々との交流や助け合いを通して、安心して生活したいと考える人の集まりである。

●入居者は独立した居住空間を持つ

分類	入居者プロフィール	生活者タイプ
(A) 自立高齢者	・ 健康で活動的な高齢者。リタイア直後の60歳代のヤングシニア。おしゃれで、車の運転を好み、地域との交流にも積極的。 ・ 生活の中に、やりたいテーマをもっている。 ・ 自分たちで住まい方や暮し方のルールを決め、食事は自分たちで作って食べたい。	自主運営型
(B) 半自立高齢者	・ ヤングシニアの上の世代。個性的な生活を愛し、自らを高めるための勉強は熱心で、自分の生活スタイルは確立している。 ・ あらかじめ暮し方や生活のルールが決められ、その範囲内で拘束なく暮せる施設のコンセプトに魅力を感じる。 ・ 食事を作るのは面倒なので、夕食は皆と食堂で一緒に摂りたい。朝昼食は自前で作る。	信念行動型
(C) 要支援高齢者	・ 規則の厳しい民間の老人ホームは嫌で、和気藹々と共同生活を楽しみたい。難しいことは考えず、テレビをのんびりと見たり、おしゃべりをするのが好き。 ・ “ロッジマザー”のようなリーダーについていきたい。 ・ 食事は共同で、当番制で行う。	生活重視型

プライバシーを守る個室がある。

●居住者同士が交流する空間がある

生まれも育ちもまちまちの人が共同で生活する場であるため、居住者同士が日常的に交流できる空間、すなわち共有のリビングルームがある。

●居住者同士の相互援助がある

居住者が病気になったときに世話したり、買物のための運転をするなど、互いにできる身体能力の範囲で助け合いを行う。

●居住者が運営・管理に参加する

グループリビングを可能とするための運営方法、共同生活のルール等は、居住者が主体となって決定する。施設のオーナーがいる場合は、基本的な運営方針はオーナーが決めるが、生活上の細かい規則は入居者が決める。また、NPO団体が運営し、生活上の世話をロッジマザーが引き受けるなどのケースもある。

住み方について共通の理念をもち、プライバシーを確保しながら必要なときには互いに支え合い、時には食事やレジャーを共にするなどの交流を行う。生活上のルールづくりや管理方法などについては居住者も参加する。

運営方法がすべて決まっている施設の入居と根本的に異なり、入居者の自主性を重んじているのが特徴といえる。いいことずくめの夢物語に聞こえるかもしれないが、私どもは、こうした住まい方のモデルとして、江戸時代の長屋の生活や「講《こう》」と、カナダのオタワにある「ユニタリアンハウス」の二つを考えている。

わが国のグループリビング

江戸の長屋住まい

グループリビングの住まい方は、かつてあった江戸時代の長屋の生活に相通ずるものを感じる。そこは元気のいい世話好きのおかみさんや、困った時に相談に行く横町のご隠居、町内のとりまとめ役の大工の親方、少々知恵が足りないが愛嬌者の与太郎がいる。病気になるとおかゆを作ってあげたり、みそや米の貸し借りをしたり、ご隠居が親代わりをつとめたり、緊密な人間関係をベースにしたいきいきとした「ご町内」というコミュニティが互助システムを作っていたようだ。

江戸時代には、ご町内という互助システムの他に、「講」という特定の目的毎に集まるグループがあった。江戸の町衆はこの講を、互いに知恵を出しあい、助けあう互助システムとしても機能させていた。「頼母子講《たのもしこう》」など金銭的な相互援助の講が知られているが、連歌や茶の湯など趣味や娯楽など実にさまざまな種類の講があり、「なまず講」といって地震の際に水や食糧を支援しあう講もあった。経済的に余裕のある町衆は複数の講に加わっていたようだ。

この講では、親が死んだりすると、子供の面倒を他のメンバーが共同してみるなどの支援もしていたという。

当会の会員で、江戸の講や江戸しぐさの研究家である越川禮子は『江戸の繁盛しぐさ』（日本経済新聞社）の中で、「参勤交代で文化・習慣の異なる人々が集まる江戸で、仲良く暮す生活上の知恵が生み出したシステム」と講を説明している。営利ではなく、安心して幸せな生活を送るため江戸では人と人のつながりを重んじ、大勢の人たちが円満に共存していくための知恵が形成されていたようだ。こうしたしきたりと感性にグループリビングの共生の思想と相通じるものを感じる。

グループハウス「さくら」

一九九六年に厚生省（当時）の「グループリビング支援モデル事業」の第一号に指定されたグループハウス「さくら」のオーナーは、浦和市議を五期二〇年務めたキャリアをもつ小川志津子さん。市議時代に、全国の老人ホームを見学したことと、母親の介護体験が高齢者問題に取り組む動機となった。

「さくら」には六人の入居者全員の表札とポストがある。三階建の建物の一、二階部分が入居者スペースで、三階は小川家の住居となっている。

個室は六畳でトイレと洗面、押入れがついている。入居者は六〇歳代から九〇歳代までと幅広い。昼間は一階の談話室でデイケアを行っており、元気な入居者は来所するお年寄りのお世話もしている。

朝食は炊事当番を順番に行い、昼食はめいめいが冷蔵庫を開けて好きなものを作って食べる。夕食は週四回宅配給食、三回は皆で相談して作っている。

グループハウス
「さくら」の外観

「さくら」の居室

小川志津子さんは、グループリビングの運営上の留意点として次の三点をあげている。

① オーナー・運営者は、入居者のプライバシーを尊重して、つかず離れずの関係を堅持する。

② 入居者同士が対等・平等の意識をもち、協調性を発揮できるように配慮する。

③ ミーティングの時間を大切にし、率直に話し合える雰囲気を作る。入居者同士のもめ事には冷静に客観的に対処する。

グループリビング一〇年の経験に基づいた貴重な提言である。

ユニタリアンハウス――カナダの事例

その運営哲学

カナダのオタワ市にあるユニタリアンハウスは、ユニタリアン教会と五〇年の借地契約を結び、一〇年間の準備期間を経て、一九八四年にオープンした。約一二〇名の高齢の健常者と要介護者が暮す高齢者住宅である。スタッフは三〇人で、看護師一人とヘルパー二人が八時間交替の勤務体制となっている。アパートは約五〇平米と約七五平米の二タイプで計六八室、介護用は約二五平米で四七室。アパートの部屋代は約六万円から七万八千円、要介護の部屋代は約一二万円。

介護付個人住宅に住んでいる人は、食事は食堂でとり、入浴、薬の投与、部屋の掃除、洗濯といった基本的なサービスを受けられる。

ユニタリアンハウスの居室

ユニタリアンハウスの居住者

リビングルームの窓

アパートの居住者は、各部屋に独立して暮していて、緊急時には救急サービスを受けることができる。そのため、安心して独立を保ちつつ、質の高い生活を送ることができる仕組みになっている。

ユニタリアンハウスの運営上の信条の一部を紹介する。

- **ここに属する人々が、その能力を最大限に維持して絶えざる成長を促し、新しい役割を広げ、目的意識を高める環境を提供する。**
- **質の高い高齢者の生活を達成するため、自立を促し、創造性を鼓舞して、心身の両面を支える。**
- **居住者たちは社会に貢献するメンバーとして、コミュニティの生活の中で積極的な役割をはたすべきである。**

運営の基本理念は、「居住者の可能な限りの独立を支える」ことである。

コミュニティの形成

建物の中には社交のスペースがあり、居住者はだれでも自分の望む範囲でそこに参加することができる。また、多くのボランティアによってさまざまなプログラムが提供されており、その種類は約八〇種もある。絵画、音楽、体操、ドラマなどの教室、演奏会や映画上映のほか居住者によるバーの開設まである。

こうしたプログラムを通してコミュニティの一員であるという自覚を高め、他の居住者やスタッフの支援を受けながら、元気ではつらつとした生活を送っている。居住者は自ら、「世界で一番幸せ」と言っている。

シニアライフを考える会の理事である関研二は一級建築士である。関は二〇〇〇年の一〇月、第四回目のユニタリアンハウス訪問団のメンバーとしてユニタリアンハウスを訪れている。その際のリポートに建築家としての視点からユニタリアンハウスの観察報告をしている。

「ハウスの住民は、自立をモットーに相互に助け合い、利用し合い、隣人としてのつき合いを行っている。各個室のドアは廊下から50cm程引き込んだ玄関スペースとなっている。そこには花や自分の描いた絵、メッセージボードなどがある。玄関を一歩出れば、そこは公の社会（コミュニティ）であり、隣人とのつき合いがある。ハウスの一員としての規則というより、ごく自然に培われた生活マナーが存在している。

廊下は路（みち）空間であり、各階廊下の端部には憩いのロビー（ミニ公園）がある。階下の食堂は、街のレストランと見立てられる。そのため、食堂で食事をする際には、身綺麗にして行くのがマナーである。」

関は、居住者の振る舞いには「暮しの作法」があり、ここに「コミュニティの存在」を感じるという。

双方向のボランティア活動

ユニタリアンハウスには、高齢者に質の高い、営利を目的としない住宅を提供するばかりでなく、その高い理想を実現しようという哲学がある。それが居住者に、自分は特別な共同体の一員であるという誇りをもたせているようだ。ユニタリアンハウスの施設を使って食事配達サービスを行ったり、ボランティアの人々に学習の機会を提供する、スタッフや居住者がボランティアの新企画の実現を働きかけるなど、地域社会へ向かっての活動拠点としての機能もはたしている。

ハウス自体がひとつのコミュニティを形作ると共に、ボランティアを通じて地域社会と密接に連携している。関は、暮す人、働く人、支える人、それぞれの人々が生きいきと存在感をもって、自立と共生の暮らしを営む「本物のコミュニティハウス」と結論している。

建築上の特徴

関研二はユニタリアンハウスの設計者であるフィリップ・シャープと、デザイナーのマイケル・コーナーと会ってユニタリアンハウスの建築上の特徴について意見を交換している。その内容をまとめてみた。

「ユニタリアンハウスは、健常者が中心の集合住宅であって、いわゆる福祉住宅ではないが、大変質素に造られている。外壁は煉瓦タイル張り、内装の大半はペイント仕上げである。そうした控えた設計からうかがえる建物の主人公は、居住者自身である。居住者が美しく飾り付けていて内装をデザインしている方に目がいく。

居室もきれいに整理され、飾りにも趣味の良さがあり、色彩豊かである。個性ある飾り付けであり、羨ましくなるほどの居住空間であった。

リビングルームは、床までガラス面で、足元から下方の景色がよく見える。零下十数度まで下がるオタワでは、熱負荷が大変だろうと思うが、車イス生活者や立ち上がるのが面倒な生活では、五階の高さから木々が色づく季節を感じることができない。」

関は、建築家としてのユニタリアンハウスの印象を「このハウスは建築家と使用者が創りあげた合作」であり、「居住者とそこに携わる人々が自らお洒落に創りあげた作品」と評している。

グループリビングのこれから

長寿社会を元気で幸せに生きるためには、気の合った仲間と支えあいながら気づかいなく暮らせる住まい、「遠慮のない場所」をいかに確保するかが大きな要件になる。

コミュニティの中で自分の役割をもち、人と対話し、健康を維持し、自立して、長寿を生きたい。グループリビングは自立した生活をできる限り長く維持するためのひとつの方策である。

物理的自立（住居）、経済的自立、精神的自立の三つの自立を目指す。この自立を通して「新しい家族＝共同体」という概念を形成していく。

シニアライフを考える会が目指す今後の活動項目を以下に列記する。

■ 小規模～中規模のＧＬの建設

小規模だと気持ちは伝わりやすいが、合性が悪いと居づらくなる。三〇人程度の中規模の形態を考えたい。運営上の幅が広がり、生活の中の選択の幅が広がる。

■ゆとりのある居住空間

人の個の多様性を織り込むという観点から、ある程度余裕のある広さを確保する。

■グループホームとの連携

歳をとると痴呆になるケースが増えてくる。あるレベル以上の痴呆は互助の条件を満たせなくなり、周囲の負担も大きくなる。そこで痴呆型の高齢者住宅であるグループホームと連携するか、直近に痴呆専用のグループホームを運営したい。

■意識を変えるプログラム

血のつながりはないが、「終のすみか」を共有する人々との共通の価値観や意識を確認するプログラムを用意する。自分が変わり、周囲を変えていくことを目指した心理学のスキルを用いて、良好な人間関係を形成し、同時にグループリビングが自分の住み処という意識をもてるような質を確保したい。

転換期の高齢者介護と住まい

平成九年に成立した介護保険法には付則に施行五年後に見直しを規定してあった。平成一七年には制度改正法案が通常国会に提出される。

二〇一五年には高齢世代が一七〇〇万世帯に達し、そのうち一人暮し世帯は約五七〇万世帯になる見通しだ。認知症高齢者は現在の約一五〇万人から二〇一五年には二五〇万人になると推計されている。

こうした背景を踏まえて、厚生労働省の管轄の居住型の痴呆性高齢者グループホームと小規模な介護施設への「通い」、つまりデイサービスを中心に「在宅型サービス」に介護の重心が移ることになる。

同時に国土交通省は、要介護の状態になる以前、つまり元気なうちから将来効率的に介護サービスを受けられる居住環境への「早めの住み替え」を、(自立した高齢者まで視野にいれて)提唱し始めた。実際の姿としては、グループリビングに似た居住形態が今後増えてくることが考えられる。

しかし、制度としての高齢者住宅と、住まい方のルールを自ら決め、互いに支えあいながら自由な生活を送り、要支援の状態になるのを可能な限り先へのばすという意識をもって暮す住まいは、似て非なるものである。高齢者の暮らし方について社会的な関心が高まっている今こそ、改めて『集住・自立・共歓』をモットーにしたグループリビングという生き方・住まい方を提唱していきたい。

高齢者の終焉と葬送への提案

グループホームの元気な高齢者も、当然のことながら年と共に老いる。グループハウス「さくら」の小川志津子さんは「開所して一〇年経過すると、グループホームへ転居した方、亡くなった方がでる。そこまで視野に入れてグループリビングに取り組まなければならない」と語っている。

自立した元気な高齢期を過ごすグループリビング、万一痴呆の症状が出た場合のグループホームの先に、葬儀と墓の問題がある。

「老い」に関する問題は介護保険の導入以来、広く議論されるようになってきた。これからは「死」の問題、具体的にはどういう葬儀を、誰が執行するのか、墓をどう確保するか、その墓を誰が維持するのかなどについて答えを見つけていかねばならない。

最近、都営の霊園や大規模墓地で合葬墓が目立ってきた。個別の墓は建てず、収納スペースに三十三回忌まで骨壷を安置し、その後合葬（同一の墓地に遺骨をまとめる）する合理的な仕組みだ。家族のいない人、結婚を選択しない人、夫の墓地に入りたくないと考える人のニーズに合致している。

老後の暮らし方が様々あるように、死後のありようも多様化してきた。グループリビングは老後の暮らし方に関する「自立的な住まい方の選択」の提案だが、その先に「自立的な死の選択」があるだろう。

葬儀については、例えばあらかじめ自分で設計し、費用を用意した上で遺言書を公正証書にする、といった話も聞く。

また、墓について、死後子供に墓の維持について負担をかけたくないと考える人は、散骨への関心が高い。しかし、死後の一定期間は、家族や友人が故人を偲ぶ場としての墓がほしいが、いずれは墓参の人も高齢になり、ひとり静かに眠ることになる。そうなれば、同じ価値観をもつ人と一緒の墓であるといい。

そこで、新しい葬送（葬儀・墓）のフレームを提案したい。①継承を前提としない墓とする　②墓石は用いず、樹木をモニュメントとする ③樹木は自ら植樹して、樹にネームプレートを掛ける ④寺や業者の所有ではない墓地を造る。従って戒名、法要などの宗教行為はない ⑤焼骨は粉状にして合葬墓に合葬するか、散骨する……、というものである。

自ら植樹した樹に〝想い〟を託し、樹の生長を見守る。樹の所有者の死後、〝想い〟は周囲の自然の中に昇華していく。モニュメントの樹もやがて枯れ、土になる。筆者はこれを「山野葬」とネーミングした。これを具体的に実現するため、現在、里山づくりを推進している会の協力を得て、山梨市の森に桜の植樹を行い、また合葬墓は群馬県嬬恋村に造った。いずれ折を見て、広く情報発信をして、同じ考えの方々とこの活動を推進していきたいと考えている。

このささやかな提案が、老いの住まいから葬儀・墓までの生のエンディングを自ら決定する少子高齢社会の自立的生き方のひとつの解答になれば幸いである。

◇　◇

間もなく、団塊の世代である一九四七年から四九年生まれの人たちが停年をむかえる。戦後の日本経済の高度成長を担ってきたこの世代は、停年後も新しい生活スタイルや価値観を創り出す活力や経済力をもっていると思われる。NPOシニアライフを考える会では、団塊の世代が退職後、家庭や地域でどう生活し、老後をどう生きていこうと考えているのかを明らかにしていきたい。

具体的には『団塊の世代の考える老後の暮らし方』調査の実施を通して、老後の負の選択でなく、「気がねなく、安心して住める新たな居住環境」としてのグループリビングを、これから形成される高齢者文化の中に位置づけていくことが私たちの最も大切な仕事だと思う。

Ⅷ　葬送の個人化

――「葬送の自由」とそのリスク

森　謙二

「個人化」とは何か

一般に、「個人化」とは、他者に依存することなく自分で選択できる〈自由〉な領域が増えてきた状況を意味している。「個人化」現象はあらゆる領域で進行している。「個人化」現象の社会的背景は、あらゆる生活領域で商品化・市場化が展開したために、個々人が自分の欲しいものを市場において手に入れるようになり、それを〈自由〉として認識してきたことである。

「個人化」現象は、なにも今にはじまったものではない。近代資本主義の展開とともに、個々人は商品所有者として市場に登場した段階から「個人化」ははじまっていた。自分の意思に基づいて自由に決定をすることは、古い共同体からの個人の解放として認識され、これに新しい時代の、新しい価値を見出してきた。「自由」を基礎として個人主義の伝統を多くの人が共有しうる普遍的な価値として認め、この幻想性を問うことがあったにせよ、誰もが〈自由〉に憧れ、それを求めてきたし、現在でも多くの人々がその「価値」を信じている。

しかし、今日の「個人化」は、かつてほどの美しい輝きをはなっていない。私たちのあらゆる生活領域において商品化＝市場化が進み、科学技術の高度化とともに生殖や死の領域に至るまで市場原理が持ち込まれるようになった。これに伴って〈自由〉は私達に新たな希望とあくなき欲望の充足をもたらす一方で、私達に「不安定性」「不確実性」「リスク」をもたらすようになってきた。また、生活領域における商品化＝市場化の徹底は、男女の身分的な束縛を解放し（ジェンダー・フリー）、家族機能の解除によって集団としての家族から個人が解放され、家族の「個人化」現象を深化・発展させていった。

このような「個人化」現象は、私たちの生活のあらゆる領域に浸透している。ベックに倣って、近代資本主義社会の成立とともに展開した「個人化」現象を「第一の近代化」と呼ぶとすれば、今日の「個人化」現象を「第二の近代化」と呼んでおこう。[1]

葬送領域の「個人化」

葬送領域においても、「個人化」現象は例外なく展開する。近代国家の下では、生と死の判定を宗教的権威ではなく国家法の統制に委ね、また埋葬や墳墓等の施設も宗教施設としてではなく、公衆衛生施設として国家の管理下におかれるのが一般的である。葬送領域が宗教から分離され、世俗的な国家法の下に委ねられるようになると、この領域にも商品化・市場原理が入り込んでくることになる。葬送領域の諸問題がそれぞれの地域の宗教的・文化的伝統に規定されている傾向は強いので、それぞれの地域の特性が表れてくることになる。それでも、市場原理や合理性の要求により、〈自由〉領域が拡大し、これまでにない新たな現象を生み出すことになる。

その一つは、合理的な葬法として火葬の普及である。ヨーロッパで近代的な火葬場が登場したのは、一八七六年のイタリアのミラノ記念墓地であるという。鯖田豊之は、[2]火葬推進運動の初期の担い手はイタリアの医師であり、「健康こそが最高の法である」と火葬の公衆衛生上の利点を訴えた、と論じている。もっとも、ヨーロッパでも火葬という葬法の選択肢は増えたが、人々がこの葬法を選択するまでにはなお時間が必要であった。つまり、非カトリックの地域においては火葬が早くから受容される傾向にあったにせよ、ローマ・カトリック教会は一九世紀末から二〇世紀のはじめに幾度となく「火葬禁止令」をだして、この合理化の流れを牽制した。一九六三年にカトリック教会が火葬を容認するようになってから、急速に火葬が拡大するようになってくる。

我が国でも、明治以降に急速に火葬が拡大するようになる。もっとも、火葬禁止の宗教上の要求は低かったので火葬の受容はヨーロッパとはまったく別の意味をもっていた。つまり、我が国では、〈穢れ〉の忌避のために火葬を受容し、火葬した焼骨をお墓に埋蔵し、遺骨を保存し、遺骨としてアトツギ=子孫に継承されていくシステムが定着するようになった。火葬した焼骨を拾いそれを保存するという、民間にはなかった新しい習俗を作りあげていった。この新しい習俗は明治国家の家制度強化のイデオロギーと日本型近代家族の形成のなかで多くの人々に受容され、我が国の独特の葬送文化を創りあげていった(3)。

火葬の受容はそれぞれの地域で異なった意味をもつが、火葬が葬送領域の「個人化」現象の前提になったことに違いはない。ヨーロッパ=キリスト教諸国では、火葬の受容によって多様な形態の焼骨の処理方法が考案された。壁墓地・芝生墓地・バラ園への焼骨の散布・散骨など多様な焼骨への処理方法が人々に受容されることになった。P・アリエスは、火葬の受容によるヨーロッパの変化を「死の拒絶」あるいは「タブー視される死」と呼び、次のように論じている。「死についての革命が徹底的な国々、たとえばイギリスでは、火葬が支配的な埋葬形式になり、時に灰がまき散らされていることもあるのですが、その原因がただキリスト教の伝統や断絶しようとする意志・開花・近代化の表明というだけではありません。深い動機は、火葬が死体の名残りのあらゆるものを消滅させ、忘れさせる、つまりそれを無化するもっと最も徹底的な手段として考えられた点にあるのです[4]」と。

我が国における火葬の受容は「個人化」現象というよりむしろ家族集団との結びつきを強化するものであった。つまり、家族の焼骨を合葬することにより「○○家之墓」という「家墓」（家族墓）の建立を可能にした。しかし、日本における火葬の受容も確実に「葬送の個人化」を促進するようになる。火葬の普及は地域共同体（世間）の役割であった「墓穴掘り」の役割を解除し、遺体を墓地まで運ぶ〈葬列〉の役割をなくしてしまった。葬送儀礼における地域共同体の役割低下は、葬送領域を社会領域から分離し、私的生活圏の枠組みのなかに閉じこめることを意味した。後に述べるように、伝統的な葬送儀礼（葬式）における「死者」と「喪に服する人々」、「地域共同体（世間）」「葬儀に職業的に携わる人々」の三者の関係が解体し、次第に葬送が市場の領域に組み込まれていくようになっていく。

この葬送領域の市場化は、「個人化」現象の出発点である。地域共同体の弛緩・解体のなかで葬儀を市場（葬儀業者）に委ねるようになると、葬儀は葬儀業者を中心に行われるようになり、死者をあの世に送るという伝統的な葬儀の意味が失われていくようになる。葬儀は何のために行われるのか、この問いに対するコンセンサスの喪失は徐々にではあるが進行し、それぞれ個人の恣意的な「自己決定」が葬送領域でも浸透するようになった。自分が死ぬ前に葬式をやってしまおうとする「生前葬」のアイデアや、近年における火葬場から墓地へ直接に遺骨を運んで葬儀を行わないといういわゆる「直葬」を選択する人が増えてきたのも、この現象の一つの帰結である。

また、死生観の動揺である。意識調査によると、「葬式は一般に死者の意志を尊重して行うべきか」という問いについて、「そう思う」＝54・7％、「どちらかといえばそう思う」＝38・3％、全体では93・0％の人々が肯定的に捉えている。[5] 死者の「自己決定」を尊重すべきという結果は、あらゆる年齢層に浸透しており、その意味では、葬送領域における自己決定の要求は戦後日本の民主化の「成果」と呼べるものかも知れない。しかし、葬儀はほんらい死者の意志に委ねるようなものであったのだろうか。

立川昭二は、「「生命の尊厳」という言葉がこれほど氾濫していながら、「死の尊厳」ということがこれほど蹂躙された現代。死を忘れた文明、死者を切り捨てた文明、そうした現代の文化なり文明なりの構造こそ、現代の死のかたちのそのものではないか[6]」、と現代の死をめぐる状況に警鐘を鳴らしている。

葬送の「個人化」現象は、それ自体としては社会現象であるが、このような現象を「自由」や「自己決定」の名の下で、あるいは個人の幸福を追求する権利に基づいたものとして正当化される傾向がある。しかし、このような現象が、他方においては、死を社会から切り離し、死者を切り捨てることになり、結果として私達の社会自体が大きなリスクを背負うことになる現実にも目を向ける必要がある。

隠される死、葬式

これまでに何度も葬式に参列した。参列者が何百人あるいは何千人に及ぶであろう大きな葬式から、参列者が家族とごく近い親族に限られている小規模な葬式までさまざまであるが、ある時奇妙なことに気付いた。

七、八年前のことである。大都市に住む九〇歳を超えた遠縁にあたる元国家公務員の葬儀に参列した。立派な葬儀であったが、葬儀への参列者の数は親戚を除くとほとんどいなかった。彼の妻はもう一〇年以上前になくなっており、子どもとの二人だけの生活が長く、転勤生活が長く続いたので地域との繋がりも薄く、高齢のせいもあって元同僚や友人達も他界した人が多いのだという。たとえ存命であっても九〇歳を超えた高齢者が、遠いところから友人の葬儀に参列するためにやってくるのは事実上困難である。親類以外に葬式に参列する人が事実上いなくなっている現実を見て、愕然としたことを覚えている。長寿=生を全うした人の葬式に、親類以外の参列者がほとんどいないことに釈然としないものが残っていた。

それから数ヶ月も経っていない日のことである。近くの小学校の児童が交通事故で亡くなった。事故の様子は新聞でも報道され、事故の悲惨さが伝わってきた。その児童の葬儀が近くの葬祭場で行われた。葬儀の参列者は数百人を超え、その児童が通う小学校の児童や先生達が数多く参列したという話を家族から聞いた。

民俗学では、「死」のあり方をめぐって、しばしば「自然死」と「異常死」に分類する。前者が「生」を全うした人の死であるのに対し、殺人・自殺・事故死・伝染病等の死因にいわば何らかの怨霊を残した死を「異常死」と分類する。伝統的な社会では「異常死」は忌み嫌われた。まっとうな死に方をしないと葬式をあげてもらえなかった、そのように表現しても過言ではない。

現代では、まっとうな死に方をしても葬儀への参列者はなく、時として「異常死」に関心が向き、悲しみが増幅され、世間が注目し、葬儀への参列者も増える、と言えるのかも知れない。もちろん、このような言い方には一方的で誇張があると言えるかも知れない。つまり、前者＝高齢者の葬式に参列者が少なかったのは、死者が地域共同体に属することがなく、都市のなかで孤独であったからであり、後者＝小学生の死においては死者が学校という集団に属していたので、参列者が多かったのだと。

しかし、高齢化社会においては、前者の「死」が圧倒的に多数を占める。圧倒的多数を占める死が、社会から見えなくなりつつある。近年、「直葬」が増えたこともすでに触れた。直葬を選択し、葬式を行わない理由を遺族が次のように語ることを聞いたことがある。「父や母が病気で入院し、現在の最高の医療技術を受けてもらい、子どもとしても頑張った（多額の医療費を支払った）。充分に親孝行をした。もうこれでよい。両親も充分に満足しただろう」と。

社会から死が見えなくなる傾向は、思い出してみれば、これまでにもいくつかの兆候を見てきた。もう十数年も前のことである。筆者が松戸市の一〇〇戸に少し欠けるマンションに住んでいたときのことである。顔なじみになっていた同じマンションに住んでいた老夫婦の郵便受けが封鎖されているのを見つけた。引っ越しをしたのかと思い、管理人の方に聞いてみた。おじいさんが亡くなったので、おばあさんが近くに住む子どもの住むところに引っ越したのだという。お葬式は近くの葬祭場で行われたけれども、マンションの住民には知らされなかった。

また、学生達に、これまでに葬式に参列をしたことがあるか、と尋ねたことがあった。学生のなかで葬式に参列した経験を持つのは半数に満たなかったように思う。ごく近い祖父母等の葬儀には参加するが、近隣や親類の葬式には子ども達は参列をしないというのが一般的な傾向であった。死は、子ども達から切り離され、隠されている、それがこの時の印象であった。

ここで「死が隠される」「葬式が隠されている」というのは、葬式が社会から隠され、私事化され、排他的になってきていることを意味する。[7]これまで葬式は「死」を公表する役割を果たしてきた。伝統的な社会でも、ムラの誰かが死ぬとムラに伝達され、ムラは「死に飛脚」を仕立て死者の親戚や関係者に死んだことを伝達し葬儀の予定等を知らせた。現在でも、ムラで誰かが亡くなるとムラの広報手段である有線放送等を利用し、その死を村人に伝達し、葬儀の予定を公表するケースも多い。かつて、「死」は積極的に告知され、社会に広められた。

ドイルの社会学者W・フックスは、「死亡は公表を必要とする」と論じている。「死者と関係のあった可能なかぎりのすべての人に…公表によって彼の死が知らされなければならない」とし、「定められた期間内に、決められた一定の形式に従って、公的な機関に報告がなされなければならない。公表へのこの強制は、これだけではなく、さらに訃報の送付、地域社会の公的な報道機関を使っての…死亡広告、教会の説教壇からの告知にも明らかに見られる」と公的機関と地域社会への連絡が必要であると論じている。(8) 一人一人の人間が社会的な意味をもつ存在であるとすれば、その〈死〉が公表されるべきというのは当然のことであろう。人間にとって〈死〉は、「この世」との関係を清算することであり、また死者の関係者に「死者との別離の機会」を与えることであり、この公表を通じて死者の「生きた」意義を社会のなかに位置づけることであり、そのことが「死者の尊厳性」を確保することにもつながる、と。

死者を社会のなかに位置づけること、これに関してヘーゲルは『精神現象学』の中で、「個人は、市民になってはじめて現実の共同体にかかわるのだから、市民ならざる家族員としての個人は、非現実の、力なき影なのである」であり、死は「人間が共同体のうちに安らぐすがた」(9)と論じる。ヘーゲルは、死者をめぐって家族と国家(共同体)の対立を認めながらも、個人が家族の助けを受けて「共同体の死者」となること、ここに死者のあり方、「死者の尊厳性」を見ているのである。

変貌する意識

ここで三つの「意識調査」の結果について触れておこう(資料参照)。第一は「死後の霊魂を信じるか」(表4)、第二は「死後の霊魂が生者の生活に影響を及ぼすか」(表5)、第三は「先祖からお墓を受け継いで、それを守って供養することが子孫の義務と考えますか」(表1)という問いに対して、第一の問いについては年齢層においてほとんど違いがないのに対して（「信じる」「ありうると思う」↓二〇歳代＝52・6％、七〇歳以上＝56・6％、全体＝53・6％）、第二の問いについては高齢になるほど「生者の生活に大きな影響を及ぼすことはない」と回答し（「及ぼすことはない」↓二〇歳代12・7％、七〇歳代以上＝28・9％、全体＝21・2％）、第三の問いに関しては高齢者ほど「先祖を供養するのは子孫の義務である」と回答している者が多い（「そう思う」↓二〇歳代＝25・2％、七〇歳以上＝70・1％、全体＝46・7％）。

七〇歳代以上の人々は、祖先祭祀は子孫の義務だと考えている人が多いけれども、死者の霊魂を信じている訳ではなく、また死者の霊魂が生者の生活に影響を及ぼす、つまりタタリがあると考える人も少ない。それに対して、二〇歳代においては、祖先祭祀は子孫の義務だと考えている人が少ないが、死者の霊魂を信じる人が50％を超えていて、死者の霊魂が生者の生活に影響を及ぼす、つまりタタリがあると考える人（「大いに影響を及ぼす」「時として及ぼす」と回答した人）も六割近くに及んでいる。

この調査結果をどのように理解すべきなのだろうか。まず、若い世代のなかで確実に祖先祭祀の意識が変化していることは明らかだろう。この祖先祭祀の意識の変化は、単純に古い伝統的な価値観が変貌し、なくなっていくというレベルの問題ではない。近代日本のなかで、祖先を祭祀するという枠組みのなかで死者の尊厳性を維持することができたが、祖先祭祀の価値観の喪失は、日本人の葬送の道徳的な基礎づけがあいまいになっていくことを意味する。私達は、これまで死者の尊厳性を守るシステムを祖先祭祀以外に異なった制度をもっていないのである。この問題についてはここでは指摘するに留めていこう。[10]

もう一つ注目しておきたいのは、七〇歳代以上の高齢者層の意識である。現在の七〇歳代を超える世代は、大正期から昭和初期に生まれた世代であり、高度成長の担い手となり、日本経済の発展を支えてきた世代である。過去の家的伝統を引き継ぎながらも、他方では経済合理的な意識ももち続けてきた。葬送領域の自己決定についてもこの年齢層は比較的高い支持をする。「葬式は一般に死者の意志を尊重して行うべきか」（表3）という問いに対して、「そう思う」と回答した人が56・1％（全体では54・7％）と回答し、他の年齢層に比べて比較的高い数値を示している。

この年齢層は、自分達は伝統的な祖先祭祀の規範に基づいて自分達の親の世代を見送ってきた世代である。しかし、彼らはその伝統的な葬式のあり方に必ずしも同意している訳ではなかった。近代化のなかで「死後の霊魂」の存在を信じなくなっていたし、死後の霊魂のタタリということも信じていない。戦後の「近代化」のなかで生活の「合理化」を推進してきた世代である。古い伝統的な行事や非科学的で不合理なものを呪術や迷信として否定した世代である。

二〇〇四年のライフデザイン研究所の調査によると、「理想の死に方」としてあげたのは「突然死」（64・6％）であり、その理由として「家族にあまり迷惑をかけたくない」（85・9％）をあげている。[11]

この世代が生きてきた時代は、葬送に関わるいくつの議論が展開された時でもある。たとえば、戦後の昭和二五年以降に展開する生活合理化運動としての葬式の簡素化運動であり、また高度成長のまっただ中の「葬式無用論」である。葬式無用論は、明治時代においても展開するので目新しいものではないが、一九六八（昭和四十三）年に「葬式を改革する会」が組織化される。ここでは、葬式の「不合理性」「不経済性」が指摘され、自分の葬式をやらないこと、「魂は肉体とともに消滅をする」という議論が展開された[12]。

人々と地域との繋がりが薄くなり、さらに平均寿命がのびてくると、葬式のもつ意味も大きく変貌することになる。村上興匡は次のように述べている。「現在行われている葬儀の多くは、六五歳以上の故人を対象とするものである。すでに社会の一線から引いており、直接の関係者は亡くなるか高齢になっている場合が多いため、会葬者の大部分は故人の子供達の関係者となる。直接死者と関係のない者が会葬し、また葬儀は喪主たちのために行う者ではなく、むしろ故人のために行うものという意識が強くなればなるほど、従来の葬儀が「形式的である」という印象や、葬られる側に「子供や世間に迷惑をかける」という意識が生じるのは、ある意味自然である」と[13]。

自分達の親を見送った七〇歳代以上の世代は、個人化の進展とともに伝統的な葬儀や商業化された葬儀に矛盾を感じ、葬送領域での「自己決定」を主張し始めた世代であった。「死」に価値を見いだすことができなくなった世代は、病院に支払う治療費や介護、あるいは葬儀にかかる費用も含めて「子ども達に迷惑をかけたくない」と思い、死ぬのであれば寝たきりで家族に迷惑をかけたくないので「突然死」を願うようになった。「意識調査」はそのような意識の変化を映し出しているように思える。戦前の教育を受け、戦後その価値観が否定され、戦後の近代化＝民主化の過程を生きてきたこの世代から、伝統的な祖先崇拝を基礎として形成された死生観が徐々に壊され、死生観の動揺が始まった。

変貌する葬儀

葬送領域における「個人化」現象の展開は、葬儀のあり方そのものを変えていく。ここでは、簡単に葬式の変遷に触れておこう。

伝統的な地域共同体における葬式は、死者とその家族・近親者（喪に服する集団）、地域共同体、葬儀に職業的に携わる人々（特に寺院＝僧侶）の三つのグループの緊張関係の下で実行された（図表1）。人の死は、一般的には僧侶によって確認され、その「死」は死者の親族や地域共同体に連絡される。死者をあの世に送る宗教儀礼を担当するのは寺院＝僧侶であるが、葬式を取り仕切るのは地域共同体そのものである。地域共同体の構成員は葬儀の実行に際してそれぞれの地域の伝統に従い何らかの役割を担うことになる。

死者の家族・近親者は、死の穢れを担い、喪に服する人々として、さまざまな禁忌の下におかれる。喪に服する人々は、家族であった「荒ぶる死者」と別れ、死者を一定の時間の経過を経て、清らかな家の先祖として祭るために供養を続けなければならない。また、生者は死者と別れて、日常生活に戻らなければならない。死者の財産や地位の継承し、さらには日常的な地域共同体の構成員としての役割を果たさなければならない。葬式の主体は死者と喪主ではあるが、葬式を実際に実行する主体は地域共同体である。地域共同体は死者の社会的な地位に応じて葬式を実行し、伝統に従って葬式全体を取り

図表1　伝統的な葬儀

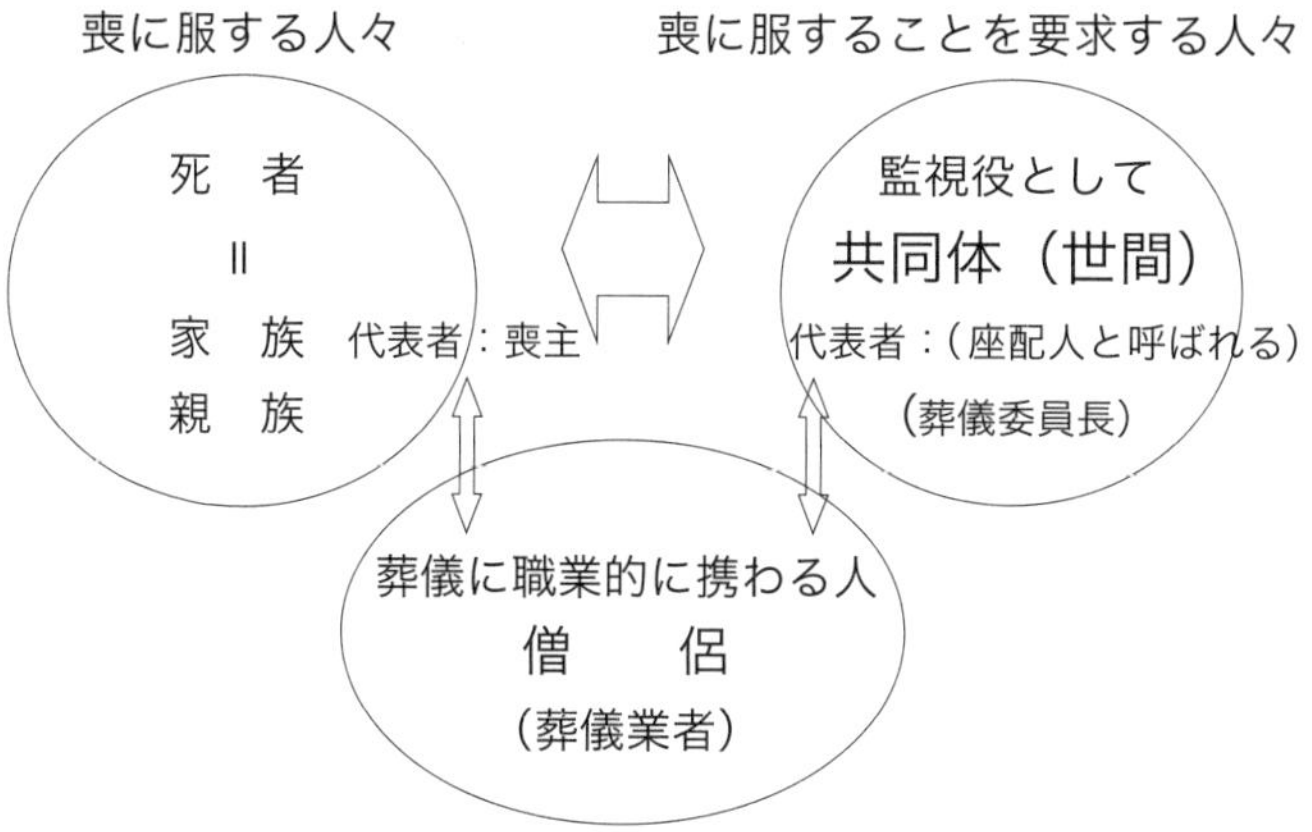

仕切る。死者を埋葬する墓地も寺院かムラの共同墓地に設けるケースが多く、そこに死者や喪主＝喪に服する人々の恣意的な意志が反映されることはほとんどない。地域共同体は、喪主を助けて葬式を実行するというだけではなく、ムラを「荒ぶる死者」から守り、死者をあの世に無事に送りこみ、「喪に服する集団」が日常生活に戻り「ムラの平和」を取り戻すための「監視役」の役割を果たす。

このような構造は、近代化された社会でもしばらくの間は維持される。共同体の代表に代わり、死者が永年勤めた会社関係者や友人達が葬儀委員長を務め、このトライアングルを維持しようとする。しかし、葬儀業者が登場し、地域共同体のなかで分担した役割の大半を葬儀業者等が代替するようになってくると、三者の緊張関係も解消されてくるようになる。

図表2は、葬送領域が市場化された状況を示したものである。「喪に服する集団」＝家族も地域共同体（あるいは会社）の役割は低下し、「死」に職業的に関わる人々が葬

儀の全体を決定するようになる。

「死」の判定は宗教の役割ではなく、医師の役割となり、病院で死亡した遺体は一定の処理がなされた後に葬儀業者に引き渡される。遺体は、病院から直接に葬祭会場に移されるようになる。死者が住み慣れた「我が家」に帰るのは葬儀が終わった後か、あるいは二度と「我が家」に帰ることなく墓地に埋葬されることになる。

病院から引き取られた遺体は葬儀業者に委ねられることになる。遺族の特別の希望がない限り、葬式は葬祭業者のマニュアルに従って行われることになる。

葬祭業者も自分達が行う葬儀の正当性を確保するために、葬儀のマニュアルを作り、それを実行する「葬祭ディレクター」制度を導入する。つまり、「葬祭ディレクター」の導入は、葬送領域の市場化を背景として、多様化する葬儀に対応したものである。葬儀は死者をあの世に送るためのものか、死者との別れの舞台を用意するものか、葬祭ディレクターは消費者の需要に応じた形で葬送の舞台を用意していくことになる。見せるための葬儀、劇場化する葬儀というのがこれである。

多くの人々が、死者の霊魂を信じなくなり、死後の世界に意味を見出せなくなると、伝統的な葬儀のもつ意味にも疑問を感じるようになる。「自分らしい葬儀」を求めるのは、伝統的な葬儀に意義を見出せなくなったとき、葬送を最後の自己表現の場として位置づけるようになる現象である。

「自分らしい葬儀」が可能になるのは、一面において葬儀の市場化が貫徹したからである。地域共同体や世間からの手助けがなくても、葬儀を実行することが可能になった。「病院」「葬祭場」「火葬場」

図表2　市場化の進展とともに劇場化する葬儀

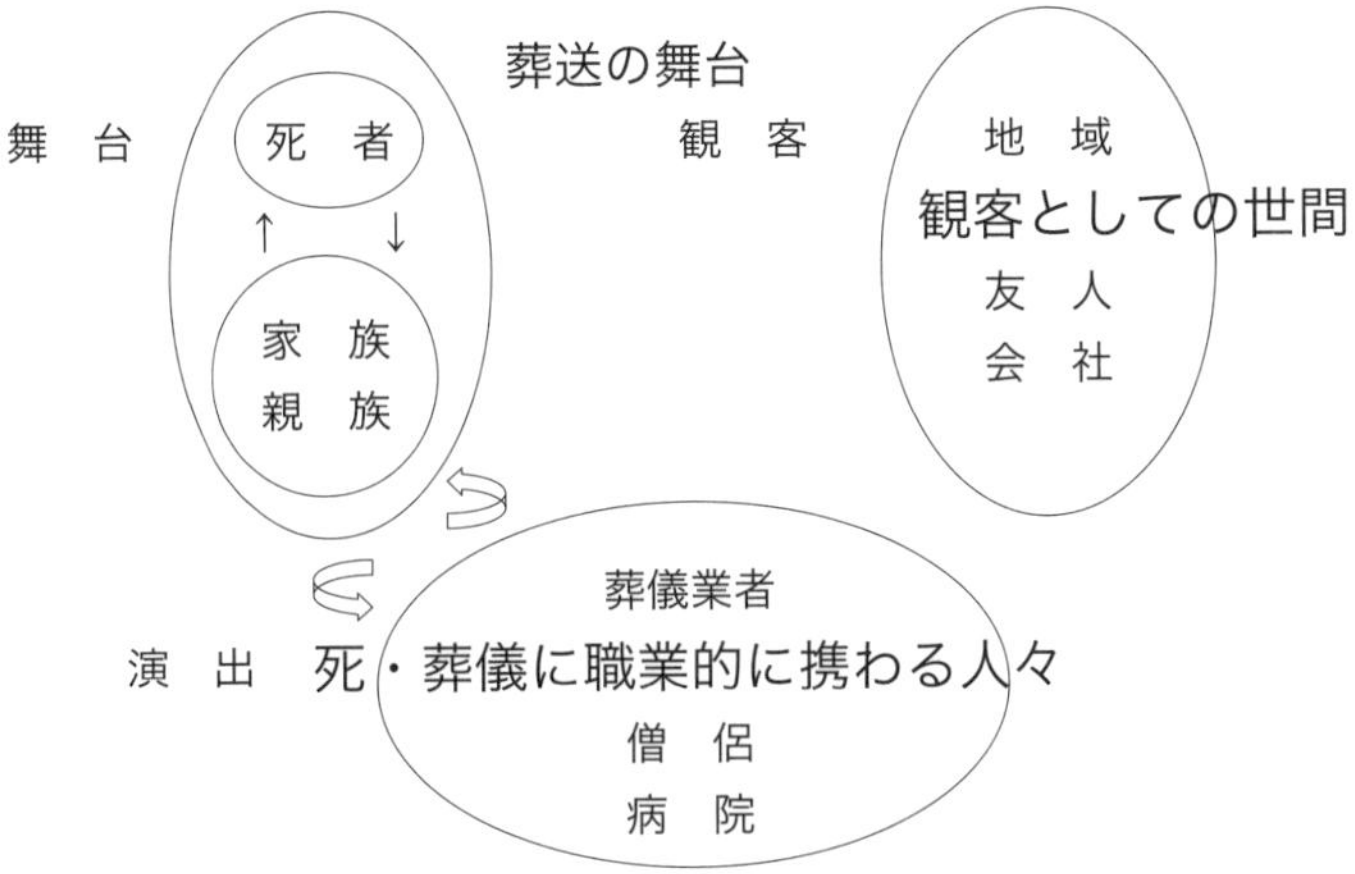

「墓地」は死に関わる空間であり、医療関係者・葬祭業者・火葬場や墓地の職員が職業として「死」に関わるが、遺族＝家族や親族に対しても死の現実が隠され、そして社会に対しても死が隠されるようになる（注7を参照）。

「意識調査」を見ると、葬式は「死者の意志を尊重すること」「質素でお金をかけないこと」との回答が多い。「質素で、自分らしい葬儀」、これが近年の葬式に対する最大公約数のように思えてくる。しかし、葬送領域において市場原理が貫徹してくるようになると、葬送の多様化はこれからもより進むようになってくる。山田慎也は「今や葬祭業者の視点は、従来の民俗を商品化するといったフォークロリズムではなく、海外の葬儀文化、特に欧米の葬送の方式を切り取って商品化するという点ではグローバリズム化していることがうかがえる」と論じている。[14] 山田の議論は、葬式におけるエンバーミングの日本における普及と認知を踏まえてのものであるが、この傾向は墓制の領域においても展開する。散骨や樹木葬等の新しい遺骨処理の方法も、火葬を受容した欧米のなかで発展・展開した葬法であり、墓制をめぐる文化的な垣根も次第に取り払われつつある。[15]

他方では、「葬式はいらない」「お墓も必要ない」という人も増えつつある。「直葬」についてはすでに述べたが、「意識調査」では5・6％（首都圏では8・6％）の人々が葬式を行わないと回答し、「全部の骨を散骨して欲しい」という人が9・5％に達している。

「葬送の自由」とそのリスク

「個人化」現象の背景に商品化・市場化の展開があることはすでに述べたとおりである。葬送領域の「個人化」も例外ではない。変化は個別の領域に限定して起こるのではなく、社会の全体的な現象の一齣として展開することになる。市場化の展開によって私達の〈自由〉の領域は拡大し、自己の決定に委ねることができる領域が量的にも増えた。しかし、〈自由〉の拡大を通じて、私達は一定のリスクを背負うことも覚悟しなくてはならない。〈自由〉の拡大は価値の多様化をつくりだし、個々人の〈自由〉の名のもとで「法は最低限度の道徳である」という枠組みをも崩していく。そして、個人化の進展は社会的合意の必要性を希薄化させ、時として社会全体を危機に導くことになる。

二〇〇一年一〇月、相模湾沖で「葬送の自由をすすめる会」が行った散骨（自然葬）は多くの人に驚きを与えた。これまで違法と考えられてきた散骨を市民団体が実施し、違法ではないと主張したのである。この市民団体は法務省の見解（弔意をもって行う散骨は遺体遺棄罪に当たらないという見解）と旧厚生省の見解（散骨は現行の墓地埋葬法に規定がないという見解）を根拠として、この二つの見解を都合よく結びつけて弔意をもって行う散骨は適法であると主張し、権利としての散骨を要求し始めたのである。「葬送の自由」は、この会にとっては、散骨を行う権利であり、会の運動はこの権利の周知を目的にしたものであり、散骨についての社会的合意を形成する運動ではなかった。

この会が散骨の実施をマスコミに発表して一〇年以上の年月が経過した。散骨に対しての認知度は高まってきたが、他方では地域によっては散骨を禁止する条例を制定する自治体も現れてきた。散骨をめぐっての社会的亀裂（対立）はむしろこの一〇年で深まってきたと言えるかも知れない。

葬送の自由、より限定的に言うならば「散骨の自由」の希望は、個々人の思い出の場所や美しい自然環境の中に遺骨（焼骨）を撒きたいという個人の心情に基づくものであろう。この心情は多くの人々の共感を誘う。散骨に対する認知度の高まりはそれを物語る。「撒く側（散骨をする側）」は遺骨に特別の意味を込める。遺骨を単なる無機物として扱うのではなく、（弔意をもって撒くのであるから）散骨の場所が故人の眠る空間だと考える。しかし、他者（撒かれる側）に対しては、遺骨は無機物（リン酸カルシウム）であり、人間に対しても自然に対しても「無害なもの」であることと説明する。

他方、「撒かれる側（散骨をされる側）」は、「撒く側」の論理を身勝手なものと見なし、さらに散骨による風評被害も恐れる。自分がなぜ他人の遺骨を受け入れなければならないのか、たとえ「無害なもの」であっても心情としては気持ちの良いものではないし、次第に「撒く側」の勝手な言い分に憤りを感じるようになる。風評を通じて、観光客が減り、農産物や漁業に影響があるとすれば、散骨によって大きな経済的な損失・被害をこうむるようになる。

この対立は、「個人化」現象の必然的な帰結である。散骨に対する社会的合意は不可欠であるように思えるが、「葬送の自由」を主張する人々は「違法性」がないことを根拠に社会的合意＝ルール作りの必要性を認めない。

これまで葬送領域の「個人化」が、死を社会から隠すようになってきた、と述べてきた。散骨も例外ではない。現行法の枠組みの中では、散骨の記録が残されるわけでもないし、どこに撒かれたかも隠されたままである。

「個人化」とともに死が隠されるようになった。死は個人の問題であり、個々人が〈自由〉に処理できるものと見なされるようになる。「死」は公表されず、「死」が公表されないことによって死者を社会の中に位置づける契機を失い、結果的には死者の尊厳性が失われていくのではないか、そのような危惧を筆者はもっている。

祖先祭祀の枠組みは家制度の枠組みを前提とするものであったが、この枠組みの中で死者の尊厳性は維持された。しかし、家制度が崩壊し、家の連続性を維持することができなくなったとき、近代日本において展開した死者の尊厳性を維持するシステムも解体しはじめたことになる。

葬送領域が市場化することによって、葬式も埋葬の在り方も多様化するようになった。前述の「直葬」の選択も法に違反することではない。また、散骨（自然葬）と称して遺骨を捨てたとしてもその違法性を立証することはきわめて困難になっている。「弔意」を持つかどうか、という規準はあいまいである。ルールなき社会の中で、どのようにすれば「死者の尊厳性」を守ることができるのだろうか。筆者は、死者の尊厳性を守るために最低限度のルールを設ける必要があるように思う。

「個人化」は、〈自由〉の拡大の結果として「自己決定」のチャンスの増大として現象する。「自己決定」の結果に対する責任は「自己責任」と切り捨てることもできる。しかし、〈自由〉の拡大は私たちの社会に新たなリスクを創り出していく。前述の「対立」もそのリスクの一つであろう。もっと重要なことは死が隠されていることによって、死のリアリティが失われていくことである。二〇世紀末になって思わぬ事件が多発するようになった。子ども達から死を見えなくした結果、死のリアリティを求めて殺人をする子どもが現れた。簡単に人を殺し、簡単に人を傷つけ、簡単に自殺をする子ども達の存在が日々のニュースで流されるようになった。「死を隠すこと」が「死のリアリティ」の喪失と表裏一体の問題であるとするならば、葬送領域の「個人化」を通じて、私達は新たな大きなリスクをかかえたことになる。

資料

表１　祖先祭祀についての意識（年齢別）

祖先の祭祀は子孫の義務か	平成 15 平成 10	20-29歳	30-39歳	40-49歳	50-59歳	60-69歳	70 歳以上	男・計	女・計
そう思う	平成 15	25.2%	33.1%	45.1%	48.4%	60.5%	70.1%	47.2%	45.8%
	平成 10	50.8%	49.0%	57.2%	65.3%	75.0%	82.2%	62.3%	63.9%
どちらかといえばそう思う	平成 15	53.3%	51.0%	42.5%	41.2%	32.9%	25.3%	39.2%	43.1%
	平成 10	32.1%	37.6%	27.0%	27.4%	19.3%	11.1%	26.1%	26.0%
どちらかといえばそう思わない	平成 15	11.0%	7.9%	6.0%	4.8%	2.7%	2.9%	6.0%	5.7%
	平成 10	3.6%	7.5%	9.5%	1.1%	2.4%	1.6%	3.8%	5.1%
そう思わない	平成 15	10.5%	7.9%	6.4%	5.5%	3.9%	1.7%	7.0%	5.1%
	平成 10	10.4%	5.1%	4.6%	4.2%	2.4%	3.1%	6.0%	3.6%
わからない	平成 15	--	--	--	--	--	--	--	--
	平成 10	3.1%	0.8%	1.6%	2.1%	1.0%	1.6%	1.8%	1.5%

表２　葬式の意味（年齢別）

葬式の意味		20-29歳	30-39歳	40-49歳	50-59歳	60-69歳	70 歳 以上	合計
死者を死後の世界に送る	実数	64	82	80	111	118	80	535
	構成比	30.5%	34.9%	34.6%	38.5%	46.3%	46.5%	38.5%
死者とお別れをする	実数	79	82	84	107	92	65	509
	構成比	37.6%	34.9%	36.4%	37.2%	36.1%	37.8%	36.6%
親しい人の死を受け入れる	実数	18	13	17	12	8	1	69
	構成比	8.6%	5.5%	7.4%	4.2%	3.1%	.6%	5.0%
死者を偲ぶ（追悼）する	実数	41	52	47	51	30	20	241
	構成比	19.5%	22.1%	20.3%	17.7%	11.8%	11.6%	17.3%
遺族にお悔やみを述べる	実数	8	6	3	7	7	6	37
	構成比	3.8%	2.6%	1.3%	2.4%	2.7%	3.5%	2.7%
合計	実数	210	235	231	288	255	172	1391
	構成比	100.0%	100.0%	100.0%	100.0%	100.0%	100.0%	100.0

表3　死者の意志を尊重して行うべきか（年齢別）

死者の意志を尊重して行うべき		構成比分年齢						合計
		20-29歳	30-39歳	40-49歳	50-59歳	60-69歳	70歳以上	
そう思う	実数	130	136	121	152	131	97	767
	構成比	61.3%	56.9%	51.9%	52.8%	51.2%	56.1%	54.7%
どちらかと言えばそう思う	実数	68	90	99	115	102	63	537
	構成比	32.1%	37.7%	42.5%	39.9%	39.8%	36.4%	38.3%
どちらかと言えばそう思わない	実数	6	8	9	9	13	8	53
	構成比	2.8%	3.3%	3.9%	3.1%	5.1%	4.6%	3.8%
そう思わない	実数	8	5	4	12	10	5	44
	構成比	3.8%	2.1%	1.7%	4.2%	3.9%	2.9%	3.1%
合計	実数	212	239	233	288	256	173	1401
	構成比	100.0%	100.0%	100.0%	100.0%	100.0%	100.0%	100.0%

表4　死後の霊魂を信じますか（年齢別）

死後の霊魂を信じますか		信じる	ありうる	信じない	わからない	
20-29歳	実数	43	68	44	56	211
	構成比	20.4%	32.2%	20.9%	26.5%	100.0%
30-39歳	実数	40	78	41	81	240
	構成比	16.7%	32.5%	17.1%	33.8%	100.0%
40-49歳	実数	52	89	36	56	233
	構成比	22.3%	38.2%	15.5%	24.0%	100.0%
50-59歳	実数	43	102	69	75	289
	構成比	14.9%	35.3%	23.9%	26.0%	100.0%
60-69歳	実数	27	112	64	55	258
	構成比	10.5%	43.4%	24.8%	21.3%	100.0%
70歳以上	実数	32	67	34	42	175
	構成比	18.3%	38.3%	19.4%	24.0%	100.0%
合計	実数	237	516	288	365	1406
	構成比	16.9%	36.7%	20.5%	26.0%	100.0%

表5　死者の霊魂が生者の生活に影響を及ぼすか（年齢別）

死者の霊魂が生者の生活に影響を及ぼすか		大いに影響を及ぼす	時に応じて及ぼす	及ぼすことはない	その他	わからない	合計
20-29 歳	実数	4	61	14	1	30	110
	構成比	3.6%	55.5%	12.7%	.9%	27.3%	100.0%
30-39 歳	実数	7	61	22	0	27	117
	構成比	6.0%	52.1%	18.8%	.0%	23.1%	100.0%
40-49 歳	実数	12	71	20	1	35	139
	構成比	8.6%	51.1%	14.4%	.7%	25.2%	100.0%
50-59 歳	実数	6	65	38	2	33	144
	構成比	4.2%	45.1%	26.4%	1.4%	22.9%	100.0%
60-69 歳	実数	8	59	35	0	33	135
	構成比	5.9%	43.7%	25.9%	.0%	24.4%	100.0%
70 歳以上	実数	12	32	28	0	25	97
	構成比	12.4%	33.0%	28.9%	.0%	25.8%	100.0%
合計	実数	49	349	157	4	183	742
	構成比	6.6%	47.0%	21.2%	.5%	24.7%	100.0%

表6　あなたは散骨によって葬られることを希望しますか

あなたは散骨を希望するか	実数	構成比(1)	構成比(2)	平成10年（1）	平成10年（2）
全部の骨の散骨を希望	134	9.5%	12.3%	12.8%	17.2%
一部を散骨、残りをお墓に入れる	222	15.8%	20.4%		
希望しない	661	46.9%	60.9%	50.7%	68.0%
その他	69	4.9%	6.4%	11.1%	14.8%
散骨反対など	323	22.9%	--	25.4%	--
合計	1409	100%	100%	100%	100%

(1) は「散骨反対など」を含めた構成比
(2) は「散骨反対など」を除いた構成比

表7　散骨をする場所について

散骨の場所について	実数	構成比(1)	構成比(2)	平成10年（1）	平成10年（2）
原則として自由に認めるべき	274	19.5%	26.6%	23.0%	30.8%
一定の制限を設けるべき	463	32.9%	45.0%	36.6%	49.1%
墓地の中に散骨場所を	--	--	--	9.4%	12.7%
わからない・無回答	293	20.8%	28.5%	5.6%	7.5%
散骨反対など	379	26.9%	--	25.4%	--
合計	1409	100%	100%	100%	100%

平成10年…『墓地に関する意識調査』（厚生科学特別研究事業　主任研究者　森謙二）
平成15年…「お墓をめぐる意識調査」（科研費［基盤研究A］死者と追悼をめぐる意識変化―葬送と墓についての統合的研究」研究代表者　鈴木岩弓）

注

（1）ウルリッヒ・ベック（東廉・伊藤美登里訳）『危険社会――新しい近代への道』（法政大学出版局、一九九八年）

（2）鯖田豊之『火葬の文化』（新潮社、一九九〇年）二三頁以下

（3）森謙二『墓と葬送の現在』（東京堂出版、二〇〇一年）を参照。

（4）P・アリエス（伊藤晃・成瀬駒男訳）『死と歴史――西欧中世から現代へ』（みすず書房、一九八三年）七三頁

（5）この「意識調査」は（平成一四～一六年度「死者と追悼をめぐる意識変化――葬送と墓についての統合的研究」科学研究費補助金［基盤研究（A）（1）］研究代表者　鈴木岩弓）で行ったものである。この結果に関しては、同報告書）において森謙二「死者と追悼をめぐる意識調査」『死者と追悼をめぐる意識変化――葬送と墓についての統合的研究――葬送と墓についての総合研究　研究成果報告書』（平成一七年三月）で行った。以下、同調査を「意識調査」として略記する。

（6）立川昭二『歴史紀行　死の風景』（朝日新聞社、一九八二年）一六頁

（7）一般的に「死が隠される」というのは、「自宅死」から「病院死」へ、「死に水」を病院でとるようになったこと、遺体の処理（湯灌や納棺）を病院や葬儀業者あるいは火葬場等の専門業者が行うようになり、死を遺族（喪に服する集団）から遠ざけ、覆い隠すような現象をさす場合に使われることが多い。このような現象も、筆者は葬送領域の商品化＝市場化の一齣としてとらえている。つまり、このような現象は、死者に対する介護（ケア）を家族の役割から解除して、市場に委ねたと考えることができるからである。そして、葬送が市場領域に委ねられると「死」が社会からも隠され、この世には「死」が存在しないかのように現象するようになる。日常生活から死が隠されてくるようになると、非日常の「死」（＝民俗学でいう「異常死」）だけが際立つようになってくる。

（8）W・フックス（池田芳一・日向信夫訳）『現代社会における死の諸像』（誠信書房、一九八一年）一二九頁以下

（9）ヘーゲル（長谷川宏訳）『精神現象学』（作品社、一九九八年）三〇四頁

(10) この問題については森謙二「埋葬と法」『法社会学』六二号(二〇〇五年)を参照。
(11) 第一生命経済研究所ライフデザイン研究本部『死に対する意識と死の恐れ』(二〇〇四年)
(12) 村上興匡によると、この頃の「葬式を改革する会」のメンバーには医学関係者が多い、と述べている(村上興匡『私生活様式の普及と日本人の死生観の変遷についての社会史的研究』(平成一三〜一五年度科学研究費補助金[基盤研究(c)(2)]研究成果報告書、二〇〇四年、七八頁)。もともと「死」に際して、近親者は死者に向かい合ってきた。いわゆる「死に水をとる」ということに代表されるように、近親者が死を看取り、死んだ後も湯灌(死者の身体を清める)を行う。このような一連の「死の処理」が病院で行われるより、その遺体が葬儀業者に引き取られていく。医療関係者は病院で多くの死に立ち会い、死者が葬儀業者に委ねられていくことに矛盾を感じていたのかも知れないが、「死の処理」の第一段階が病院で行われるようになるのも、「近代」になってからのことである。
(13) 村上興匡、前掲、一〇九頁
(14) 山田慎也「葬儀のフォークロリズムからグローバルリズム——葬祭業における新たなサービスの開発と死に観念」鈴木岩弓(研究代表者)『死と追悼をめぐる意識変化』(前掲)二八頁以下
(15) 欧米諸国でも、火葬を受容した後の焼骨の処理方法については多様で奇抜な方法が取りざたされた。ナイジェル・バーリーは『死のコスモロジー』(凱風社、一九九八年)のなかでcremateとremainsの合成語として遺灰(cremains)という造語ができたことを紹介して、「遺体は、形を持たず不快感を与えない灰色の粉に変えられ、最後には見分けがつく可能性がまったく残らないように、電気粉砕器にかけられる。その遺灰こそが、放埒きわまりない奇抜さを競い合うだしにされる」(五一頁)と述べた後に「放埒きわまりない奇抜」な遺灰の処理方法を紹介していている。

むすびにかえて――本書の論点と意図

思想と智恵

山折哲雄には、講座では「日本人の死生観」と題する講演をいただいたが、それにかえて、Iの「オキナの思想」を転載させていただいた。「いたわられ、介護され、看取られる」老人は、養育と慰労をうける弱者であり、それは強者によって救済される対象にほかならない。この強者―弱者のパラダイム（救済する者と救済される者との二元論）からはどんな老人問題もみえてこないとする。そして、映画を素材として、弱者ではない、主役としての老人の位置に及び、そこでは日常生活における子供（実子という意味ではない）とのかかわりが重要であると指摘した。転じて「神が老人の姿」として現出すること、老人こそがカミへの最短距離にある存在と考えられ、記紀神話にもみられるように、カミはしばしば「翁」の姿であらわれる。これはブッダの表情や肉体が若々しく、永遠の仏として死滅せず、青年（青春）を象徴するのと対峙する。これに対してカミが翁のように老いているのは、「人間は人生の最終段階においてはじめて神と同化する」という思想が前提にあり、それは「成熟のクライマックス」の段階を意味する。山折の説く「オキナの思想」は、十八年の時をへて、さらに大きな光彩を放っている。

本書に共通する意図がここにあると考え、転載を願ったのである。

なお、ここで想起されるのが、Ⅶの宇佐美脩が語った（活字では割愛されているが）、カナダ・トロントの高齢者施設「モミジハウス」である。これは日本人三・四世が一・二世の親たちのために建設した施設で、「モミジハウス」の命名は、楓（紅葉）が落葉寸前にもっとも紅く色づくことになぞらえて、老いが人生のクライマックスであってほしいと願ったからにほかならない。

IIは題名の示すとおり、江戸時代の高齢者が自分の老後を子に依存しない覚悟をもち、親子間における契約をテコにして、自分の老後生活を自衛した。つまり、自助精神に根ざした生活を送っていた。老々介護や医療による老いの延命など時代背景は異なるが、高木は具体的事例を通して、今日の高齢者問題に示唆を与える。すなわち、一は親子間でも契約を交わして扶養義務を明示的に規定し履行を確保しようとした観念であり、二は嫁姑問題をはじめとする世代間紛争を回避する、お互いに監視しあわない距離での別宅隠居という住まい方である。ともに学びたい江戸の知恵である。

法と保護

ここでは、民法親族編のうち「遺言法」、近時の立法になる「成年後見法」、また、とみに必要性が増している「社会保障法」の三つを取り上げた。

近代市民社会では、空気や水のようにだれのものにも帰属しない存在もあるが、物は誰かの所有物であり、人が死亡したその瞬間にその人の所有していた物は誰かの所有物にならなければならない。誰のものでもないものが現出すると力ずくの奪い合いが起こるので、相続は誰のものでもないものをなくす手続きで、いわゆる「無主物化の回避」である。

Ⅲの木幡文徳は、なぜ高齢者にとって遺言が必要なのか、から説き起こす。まず自分の財産の行方は、死後であっても自分の意思で決定すること、つまり高齢者の「自己決定」の尊重であり、そこに遺言の必要性があり、それは近親者間の紛争を避ける意味で有効だが、ときとして紛争を加熱させることにもなると指摘する。相続が「争族」、つまり家族間紛争になることに注意を喚起し、また少子化から「相続人の不存在」のとき、特別縁故者などへの遺贈の必要性をまず述べる。そのうえで、わが国の相続制度と遺言について、基本的考え方にふれ、相続における財産関係の清算と相続人の生活保障としての「遺留分」のあり方、遺言の種類と作成方法、遺言作成における注意に及ぶ。要は遺言のすすめを具体的に記述したものである。

Ⅳの家永登は当初「成年後見制度の活用」と題して講演したが、ここではその「光と影（功罪）」に焦点をあてる。主に二〇〇〇年四月介護保険制度の施行と同時に導入された成年後見制度の理念にふれ、制度の概要を述べる。そして新しい成年後見制度の光と影について繰り返し指摘する。家永は道遠しと嘆じているが、①ノーマライゼイション（障害者にも通常生活が保障される社会の形成）の実現、②自己決定権の尊重、③身上監護の重視、という三つの基本理念の実現にむけて努力を惜しんではならない。本制度の目的である「高齢者保護」の成否は、なにより家族が真に高齢者本人の利益を考えるか、そして成年後見人などに適材がえられるかにかかっている、と結論する。

Ⅴは小島晴洋の「年金・医療・福祉」である。人口の高齢化によって、大きな社会的問題となっているこれらの制度を概観し、その現状と課題を析出する。マクロの観点から高齢者を支える「給付」と現役世代の「負担」は、二〇五〇年には一・五人で一人の高齢者を支えることになり、ミクロの観点から高齢化率に著しい地域差があり、かつ拡大する。これを背景に「年金」では、二〇〇四年の改正と「制度の一元化」などの残された課題に及び、「医療」では、医療保険や老人保健制度を解説し、ここでもその課題と二〇〇八年に予定される改正案を展望し、「福祉」では、法制度が「措置から契約へ」と仕組みが改められ、利用者保護に関する取り組みに及ぶ。

IVもVも法的保護を提供するという観点に立つので、要保護者・要介護者（弱者）への対応という側面だけがみられるのはやむをえないにせよ、ここにみる高齢者の権利保護の内容や程度の適切さが確保されることが、自立し尊厳を保ちつつ生きる高齢者のあり様を考えるという本書の目的に合致することになろう。

生活と住まい方

VIは、従来の社会的弱者への対応をさす「福祉」に対して「生活福祉」という概念を見目洋子は提唱する。ここには要介護の高齢者や身障者の方という社会的弱者だけでない、元気な高齢者とその家族を含んで、すべての人を対象にし、「いつでも、どこでも、誰にでも、どのようにでも利用できる日常生活の支援」を意味する。この新しい「生活福祉」の概念から、生まれる市場の創出は、多くの課題と可能性をもつが、とりわけ、元気な高齢者の社会参加、支援、活用に注目する。そしてエルダーならびにシニア市場のビジネス展開の具体的事例として、「食」を取り上げ、さまざまな取り組みと成功例を紹介する。生活福祉に根ざした商品開発、サービス提供のあり方、事業領域の範囲、さらに経営の視点や労働環境の工夫等々、が重視される社会が到来したのである。

Ⅶの宇佐美脩は、NHKの朝の連続ドラマちゅらさんに出てきた「一風館」のくらしに典型的にみられる高齢者の住まい方としてグループリビングを提唱する。高齢入居者の自立度に応じて支援を受けたりまた支援を提供したりして、尊厳を保ちつつ生活する。代表的事例として、日本のグループハウス「さくら」とカナダのユニタリアンハウスを比較して紹介する。その運営哲学などは本文にゆずるが、居住者の可能な限りの独立を支えることが主要な点である。とはいえ、グループホームの元気な高齢者も加齢し、老いる。そこには自立的な住まい方から自立的な死の選択へと移行することを余儀なくされる。最後に、宇佐美はいずれ訪れる終焉について、自然のなかに昇華してゆく「山野葬」を新しい葬送の一つとして提案する。

葬送（葬儀と墓）

Ⅷの森謙二は、あらゆる領域で進んでいる「個人化」現象を葬送領域で検討する。葬送の市場化とともにこれまでの伝統的な葬儀のあり方が一変することになるが、森はこの変貌した葬儀を「劇場化する葬儀」として位置づける。他方においては、伝統的な死生観は背後に後退し、葬送の私事化も進行する。葬式の実行は死者の意志を尊重すべきであるという思想を前提として、「葬送の自由」という考え方は、葬送領域における自己決定権として意識されるようになる。しかし、葬送の私事化と同時に、社会的に大きなリスクを抱えることになる。異常死が話題となる一方で、生を全うした人々の死は社会から隠され、死者を「あの世」に送る儀礼であった葬儀が省略され（いわゆる「直葬」の増加）、死を公表する機会が奪われ、次第に社会から死が隠されるようになってきた。これは「死者の尊厳性」が損なわれ、死生観そのものの大きな動揺であって、死が隠された結果、死のリアリティを求めて殺人を行う子ども達も現れてきた。死が隠されたことによって私たちが背負うことになったリスクはあまりにも大きいと指摘する。

超高齢社会に向けて

以上が本書の論点であるが、その意図するところを述べよう。

日本では今世紀に世界が経験したことのない未曾有の超高齢社会になる。そこで、本書では冒頭に「オキナの思想」をおき、老いをマイナス・弱者ととらえない考え方を提示することから始めた。そこには見目のいうように、高齢者が市場・マーケットとして大きな位置を占め、消費者としてのみならず、支援者・提供者としても登場する。利潤を求める企業は当然高齢者を注視し、また高齢者を大切にする時代が招来されることになると期待される。

江戸時代、西鶴が描いた関西商人はできるだけ若いうちに財をなし、早く隠居して生活を楽しむことを理想とした。高木のいう、家産譲渡（相続）が扶養と対価的関係にあったから、跡継ぎから必要（ときに潤沢）な老後資金が出された。これは高齢者自らが勝ち取ったものであり、跡継ぎに「楽隠居」を保証させた。そこには同時に、老い・長寿を「寿ぐ」思想があり、老いに尊崇の念を抱いていたことをうかがわせる。とはいえ、老いは今日では、要保護・要介護の対象として、現実にはそれを補完するために「法の保護」が必要である。しかし、介護者と要介護者を強者と弱者として捉える二元論ではなく（少なくとも弱者としてのみ扱わず）、老いを「受け入れ」、そして老いを積極的に活きる、活かすことを考えてみたいというのが、本書の意図である。人として生を享けたものは加齢し、多くは老いる。これは高齢者の方ばかりではなく、むしろこれから老いを迎える若者にこそ考えてもらいたいことである。この超高齢社会をいかに活きていくかという示唆が本書の中にちりばめられている。読者の皆さんに何がしかのヒントになれば幸いである。

なお、山折の論文転載を許可いただいた三省堂ならびに比較家族史学会、また写真を提供いただいた山本東次郎師にここに記して感謝の意を表する。

編者

〈執筆者紹介〉

山折哲雄（やまおり てつお）

1931年サンフランシスコ生　1954年東北大学文学部卒業　同大学大学院文学研究科博士課程単位取得退学

［前職］ 国際日本文化研究センター所長

［主な著書］『愛欲の精神史』［和辻哲郎文化賞受賞］（2001年）、『悲しみの精神史』（2002年）、『悪と往生』（2000年）、『近代日本人の宗教意識』（1996年）、『臨死の思想』（1991年）他多数

髙木　侃（たかぎ ただし）

1942年韓国ソウル生　中央大学大学院法学研究科修士課程修了　博士（法学・中央大学）

［現職］ 専修大学法学部教授

［著書］『三くだり半―江戸の離婚と女性たち―』（平凡社選書、1987年、増補版、1999年）、『縁切寺満徳寺の研究』（成文堂、1990年）、『三くだり半と縁切寺―江戸の離婚を読みなおす―』（講談社現代新書、1992年）、『縁切寺東慶寺史料』（編著、平凡社、1990年）他

木幡文德（こはた ぶんとく）

1945年福島県田村郡三春町（旧中郷村）生　専修大学大学院法学研究科博士課程単位取得退学

［現職］ 専修大学法学部教授

［著書］『概説　民法』（共著、勁草書房、2001年）、『児童虐待と現代の家族』（共著、信山社、2003年）、『講説　親族法・相続法』（共著、不磨書房、2005年）他

家永　登（いえなが のぼる）

1950年東京都世田谷区生　専修大学大学院法学研究科博士課程単位取得退学

［現職］ 専修大学法学部教授

［著書］『現代生殖医療――社会科学からのアプローチ』（共著、世界思想社、2005年）、『家族革命』（共著、弘文堂、2004年）、『ケースブック医療倫理』（共著、医学書院、2000年）、『判例体系・民法親族法相続法』（共編著、第一法規、1995年から毎年）他

小島晴洋（こじま せいよう）

1955年生　東京大学法学部卒業
[現職] 専修大学法学部教授
[著書]『世界の社会福祉5：フランス、イタリア』（共編著、旬報社、1999年）、『高齢者法』（共著、有斐閣、2002年）他

見目洋子（けんもく ようこ）

東京都渋谷区生　東京学芸大学教育学部（化学専攻）卒業
[現職] 専修大学商学部助教授
[著書]『環境コミュニケーションのダイナミズム―市場インセンティブと市民社会への浸透―』（編著、白桃書房、2006年）、『21世紀の商品市場―市場性と社会性の調和―』（編著、白桃書房、2005年）、『「生活福祉」を実現する市場創造―円熟社会の高質化のために―』（中央経済社、1997年）他

宇佐美脩（うさみ おさむ）

1945年東京都足立区生　中央大学経済学部経済学科卒業
[現職] NPOシニアライフを考える会理事長、インターフェイス代表取締役
[著書]『老後は仲間と暮らしたい』（共著、主婦の友社、1998年）

森　謙二（もり けんじ）

1947年徳島県板野郡松茂町生　1965年明治大学法学部・1970年同大学院博士課程修了
[現職] 茨城キリスト教大学文学部教授
[著書]『家族革命』（編著、弘文堂、2004年）、『墓地と葬送の現在――祖先祭祀から葬送の自由へ』（東京堂出版、2002年）、『墓と葬送の社会史』（講談社現代新書、1993年）他

老いの相生《そうしょう》

2006年5月30日　第1版第1刷発行

編　者　　　高木　侃

発行者　　　原田　敏行

発行所　　　専修大学出版局

〒101-0051 東京都千代田区神田神保町3-8-3
㈱専大センチュリー内
電話 03 (3263) 4230 ㈹

組　版　　　木下正之

印刷・製本　株式会社加藤文明社

ISBN4-88125-176-7